O, flexamina atque omnium regina rerum, oratio

EL ESLABÓN PERDIDO DEL ARTE

Paco Rojas

EL ESLABÓN PERDIDO DEL ARTE

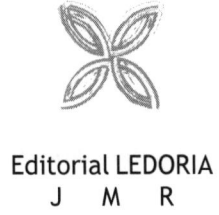

Editorial LEDORIA
J M R

I.S.B.N.: 978-84-19887-74-0
Depósito Legal: TO-21-2026
© Del Texto: El autor
© De la edición: Editorial LEDORIA-Jesús Muñoz Romero
* Calle de la Fuente del Moro, núm. 6
Toledo
Teléfono: 636 56 03 70
Correo electrónico de contacto: info@editorial-ledoria.com
www.editorial-ledoria.com

I

El cartel amarillo fluorescente del restaurante chino hirió las retinas de Horacio nada más pisar la calle. Entró a pedir una ración de cerdo agridulce y se la llevó a su apartamento. Luego se tomaría un vaso de leche fría y se iría a la cama de inmediato. No se iba a quedar sentando cavilando hasta las tantas. Pretendía viajar temprano con la fresca. Miró la caja vacía de comida sobre la mesa y se la imaginó como un catafalco de cartón.

—¿Dónde está la línea que separa a la realidad de lo absurdo? —se dijo, e imaginó oír la voz suave de su mujer, como si ella pudiera zafarse de las tinieblas para decirle sólo: Horacio...

Aquella noche soñada con soliloquios de un viudo penitente estuvo trenzando quimeras. Al despertar aún guardaba una resaca de lo soñado adherida al paladar, un sabor acre, agridulce, que le rebotaba en la memoria.

Cuando puso los dos pies en el suelo, sentado en el borde de la cama, el recuerdo de sus sueños le hacía sentirse hueco y absurdo. El somier liberó un quejido cuando se levantó súbitamente. Sentía la necesidad de hacerse una pregunta: ¿Se dirige el mundo hacia una estupidez sin retorno?

Su desabrido estado de ánimo, en parte, provenía de la soledad que acusaba desde la muerte de Emérita. También, desde su estatus artístico, sentía la obligación de litigar contra lo mal establecido: poner su pintura a trabajar contra los hábitos de una sociedad viciada o ciega.

Llevaba meses empecinado en una controvertida tesis: analizar cómo fue la destrucción de la pintura de occidente tras la caída de Roma; un verdadero genocidio del arte. En el trasfondo de aquel cataclismo, más que a la grosería bárbara, el papel de verdugo se lo atribuía al radicalismo cristiano. En el punto de mira de Horacio estaba grabado, como en el frontis de un templo griego, una amarga sentencia tomada de Nietzsche: «La labor entera del mundo antiguo, en vano: no tengo palabra que exprese lo que yo siento ante algo tan monstruoso». Para el caso, Nietzsche le había dejado su marca y su ejemplo. Horacio tenía párrafos enteros extraídos de *El Anticristo*, meditaciones que refrendaban de forma categórica su tesis: «El cristianismo fue el vampiro del imperio romano, de la noche a la mañana redujo a la nada la obra enorme de los romanos. ¿Se continúa sin comprender esto?... Aquellos santos anarquistas consideraron un 'acto piadoso' el destruir el mundo, hasta que no quedó piedra sobre piedra... Todos los presupuestos de una cultura docta, todos los métodos científicos estaban allí, se había estatuido ya el gran arte, el incomparable arte de leer bien». Eso que hoy hemos vuelto a conquistar: mirar de frente la realidad, la mano culta, la entera honestidad del conocimiento.

Cada uno de los párrafos que había subrayado a lápiz en el delgado libro de *El Anticristo*, para él significaban la conclusión sobre la pérdida de la pintura griega. Ahora, mientras que la inercia de sus pasos le había llevado hasta el lavabo de su apartamento madrileño, esa nube volvía a estar sobre su cabeza. Miró al espejo y le habló a su propio rostro, sin cortesías.

—¡Nada vas a cambiar enfrentándote a esta farsa histórica, tan enraizada y tan vieja!

En el punto central de su tesis, con amargura y rencor, Horacio veía desaparecidos a los artistas griegos, destruidas sus obras de arte y eliminadas sus conquistas.

Esa misma noche, Horacio se había despedido de su amigo Claudio con una lapidaria sentencia:

—¡Siglo tras siglo, la cultura como puta por rastrojo! ¿Cómo enderezar los entuertos de una dictadura moral de mil y quinientos años, machacando, abduciendo?

El Eslabón Perdido de la Pintura

Claudio era un hombre de letras. Su estrecha amistad venía desde sus años de estudiantes; desde que coincidían en el comedor de Estomatología en la Complutense. Ahora, Claudio escribía y daba clases, al cincuenta por ciento y para ir tirando. De vez en cuando se encontraban en Madrid, ya que Horacio no tenía ninguna pereza en coger el coche y hacerse setenta kilómetros de carretera, que era lo que separaba a su casa toledana de su apartamento madrileño. Lo hacía más de una vez al mes.

Aún reinaba la noche veraniega cuando Horacio llegó hasta la portezuela de su automóvil. Ni siquiera se había concedido la gracia de hacerse un café, sólo le dedicó un instante a vestirse y otro a humedecer y secar su cara. En el trayecto de ese noctámbulo retorno a su casa toledana, la cabeza de Horacio iba hilvanando ideas y recuerdos. A su memoria le venían estatuas clásicas de escayola de origen grecorromano, imágenes de los modelos de su aprendizaje juvenil en la Escuela de Artes de Toledo (de tamaño similar al cuerpo humano y hasta de mayores dimensiones), y al lado de éstas anteponía los toscos capiteles románicos. Ahora que su tesis revisionista estaba en carne viva, veía la gran diferencia entre lo evolucionado del arte griego y lo primitivo del románico; luz y oscuridad. Tanto la luz como la oscuridad le eran muy evidentes. No entendía cómo, en su etapa de formación, se hacían alabanzas a esculturas del románico y a pinturas y mosaicos paleocristianos, tan primarios como eran. Ahora lo sabía, estaba seguro; con respecto al arte griego, la imaginería medieval le parecía primitiva y burda, una torpeza arcaica de ingenuas intenciones narrativas.

—¿Qué habrá sido de don Enrique? —dijo dedicándole un recuerdo al viejo profesor de Historia de la facultad de Bellas Artes de Madrid—. Él habría dado la cara a favor de una tesis como la mía.

La emisora sintonizada en la radio del automóvil emitía música alternada con la verborrea del locutor, pero él sentía como si esas frases se desvanecieran con la luz del amanecer. La música, como emparedada entre palabras, a Horacio le producía una lánguida sensación, sobre todo ahora que una voz femenina cantaba un fado de los tristes. Hasta la voz del locutor amortiguaba los acentos y arrastraba el final de las frases. Pero él necesitaba que alguien le transmitiese la sensación de un nuevo día para estrenar. Y así fue con el relevo de otro locutor: otra voz tomó la palabra. Él se la imaginó como si llegara con aliento a zumo natural de naranja y dos cafés.

Ya en las cercanías de su ciudad, Horacio paró el coche para dar rienda suelta a la necesidad fisiológica que le acuciaba y, de paso, para estirar las piernas y recibir en su cara el frescor del amanecer. El color anaranjado del cielo, como si fuera un telón de fondo, permitía que se dibujara una oscura silueta de edificaciones de última construcción, las construidas en un llano a tres kilómetros de la su ciudad. Con la ironía de un intencionado remedo poético dijo:

—Las construcciones de una urbanización, grises y oscuras, se dibujan sobre un cielo ígneo.

En efecto, la salida del sol le pareció algo sobrenatural, aunque su aparición fuera una rutina de millones de años. El cielo no se pintaba de tonos anaranjados sino que eran las franjas nubosas las que tomaban la luz solar. Nadie podría adivinar si la visión de Horacio era la de un anochecer preñado de rojos presagios o un amanecer cargado de anaranjadas promesas. Aspirando el aire fresco, Horacio retuvo el aliento un instante, luego volvió la cabeza y pudo observar cómo se erigía el viejo peñasco que era Toledo. Giró la cara y soltó el aire mientras imaginaba las tristes luces que, desde las esquinas, iluminaban leyendas y memorias retocadas de historia.

—Viejas historias de reliquias, milenio tras milenio drenando los corazones de los crédulos —dijo en voz alta mientras miraba a la ciudad cara a cara.

Su imaginación se puso a volar entonces muy lejos en el tiempo. De todo cuanto deseaba imaginar respecto al pasado de su ciudad, lo que más le apasionaba era saber cómo pudo ser el Toletum romano. De aquella época, su intriga se centraba en la cultura que latía en aquel roquedal y, sobre todo, qué pinturas o mosaicos decorarían las villas o los edificios públicos. Pero se imponía su pesimismo, y se dijo:

—¿A quién puede importarle lo que ocurrió con la pintura hace dos mil años? ¿A quién le interesa una verdad tan vieja?

II

Antes de adentrarse en el casco histórico se hizo la pregunta:

—¿Verdaderamente, yo necesito pintar?

Esa duda era algo que, de vez en cuando, Horacio se replanteaba para probar la fuerza de su vocación. Consideraba que enfrentarse a esta respuesta era necesario para el existencialismo de cualquier artista que se preciara.

El apasionamiento por su pintura estaba ligado a sus raíces culturales, la razón del ojo crítico y del instinto analítico era lo que él más valoraba. Su propia evolución artística era alcanzar un existencialismo derivado del instinto y la razón. Ésas, definitivamente, eran sus raíces de Occidente; el occidentalismo que él reclamaba para su mundo expresivo.

Había decidido hacer un profundo análisis sobre una tesis: Occidente se caracteriza por una larga serie de evoluciones racionalistas. Y la pintura griega era el núcleo que él quería estudiar a fondo, ya que esa pintura, más que ningún otro aspecto de la cultura, fue la que sufrió el mayor de los holocaustos producido por el cristianismo. Considerados paganos, los frescos pintados en los muros de las villas y de toda clase de edificaciones sufrieron una devastación sistemática.

Desde que inició la cruzada de su tesis, no desperdiciaba ninguna ocasión para manifestar su queja histórica:

—En la destrucción de Roma y su cultura, la pintura fue la más aniquilada de todas las artes. La historia nunca ha dicho a las claras que el arte libre estuvo capado durante trece siglos.

Su amigo Claudio le escuchaba como lo haría un confesor bien intencionado y, queriendo mitigar la desazón que mostraba, le daba la razón con movimientos verticales de cabeza.

—Como tú bien dices, sólo se ha podido suponer lo que fue la pintura griega, basándose, casi exclusivamente, en las pinturas de cerámica y en los textos griegos.

—Al menos, Pompeya, Herculano y Stabia, ciudades que quedaron sepultadas bajo la lava del Vesubio —siguió Horacio—, salvaguardaron algunas obras de calidad y, además, mostraron cómo se llegó a pintar en el siglo primero de nuestra era. Ése es el eslabón que demuestra hasta dónde había llegado la pintura antigua.

Cuando inició su tesis, él confiaba en que, con su instinto y su experiencia artística, podría encontrar todo lo que él daba por cierto. A su entender, la opinión de los arqueólogos no estaba tan implicada ni era tan artística como lo era para él:

—Ellos no calan en los fundamentos plásticos como lo puede hacer un artista que ha evolucionado desde las bases, les falta el instinto y la pasión que yo poseo.

Su entusiasmo le había llevado a centrarse en el análisis de las pinturas del Museo Arqueológico Nacional de Nápoles. Se veía a sí mismo rastreando pistas como un sabueso: el dibujo maestro de unas manos parlantes, la genialidad y la soltura de unos toques impresionistas, el ritmo y la gracia de una composición magistral, la naturalidad de una anatomía animal o humana, la atmósfera de una perspectiva, el significado de una luz o de una nariz en escorzo...

Proyectaba volver a Nápoles para visitar su Museo Arqueológico, bien dotado de la pintura extraída de Pompeya y las otras ciudades sepultadas bajo la lava del Vesubio. Pero este viaje no era su proyecto único, estaba dispuesto a viajar a cualquier sitio donde pudieran aparecer vestigios de pintura griega. Contaba con una alentadora noticia que podría colmar el horizonte de su imaginación: dos murales griegos de la época de Alejandro Magno aparecidos en el túmulo de su padre, Filipo II. Para verlos tendría que viajar a Vergina, en la Macedonia griega.

La cultura occidental no parecía haber prestado suficiente entusiasmo a los frescos encontrados en el enterramiento de Vergina. Sospechaba que la actitud del aparato arqueológico, frente a estos hallazgos pictóricos, era una muestra de cómo el arqueólogo se centra más en joyas y utensilios. El túmulo del padre de Alejandro Magno se había descubierto en 1977 y casi treinta años después, Horacio se había enterado de su existencia gracias a un programa cultural televisivo que hacía referencia al tesoro de Vergina. Mirando absorto a la pantalla del televisor se dijo: «¿Cómo pueden mostrar minuciosamente el oro y ni una sola imagen de los murales que mencionan? ¡Si es posible que sean las únicas pinturas griegas de categoría que jamás puedan verse de esa época!».

Filipo II murió en el año 336 antes de Cristo, una gran época para la evolución de la pintura griega, y el pintor pudo haber sido el preferido de su hijo Alejandro: Apeles, uno de los más grandes. Sin embargo, cuando buscó imágenes en Internet, sólo se ofrecían las del tesoro, lo más venerado del hallazgo, al parecer: ¡oro griego!

Desde que tuvo noticia de ellos, los frescos de Vergina se convirtieron en la opción más importante para encontrar el eslabón perdido que buscaba. No obstante, ya contaba con una buena lista de varios expuestos en Nápoles. En las muchas reproducciones que había logrado coleccionar de aquel museo, se adivinaban varias obras que podrían considerarse maestras, aun sin ser Pompeya el centro cultural por excelencia, que es de suponer fuera la ciudad de Roma. No obstante, él se mostraba cauteloso respecto a las reproducciones que iba coleccionando, sabía por experiencia que una fotografía impresa siempre es un débil reflejo de la realidad.

—Cualquier pintor que ha reproducido sus cuadros en un catálogo sabe lo infiel que es la imagen impresa —se decía Horacio—. En una reproducción, la dimensión, los colores, la materia, la textura y, sobre todo, el tamaño, son engañosos; además, faltan los latidos del corazón de una pintura que haya conseguido plasmar su propio pálpito creativo.

EL ESLABÓN PERDIDO DE LA PINTURA

Él sabía que en Atenas, cuatrocientos años antes de Cristo, en la pintura, ya existía una idea clarividente sobre la belleza estética, y que se había logrado un equilibrio entre el realismo y la abstracción de las proporciones y una idealizada armonía. Se decía: «Creo que la pintura dio un paso más allá: se fundamentó en la inteligencia de la visión y en una forma de razonamiento hasta entonces desconocida».

Hasta el momento, de todas sus pesquisas, la intriga que más seducía a Horacio era lo que pudiera encontrar en la tumba de Filipo II. De ésta sólo conocía una somera descripción encontrada en Internet, la cual se ceñía a una interpretación típicamente arqueológica: «Tres de las paredes están pintadas con la representación del rapto de Perséfone y Plutón conduciendo una cuadriga de caballos blancos, también aparece en la escena Deméter y tres parcas. Las figuras son de gran tamaño (sobre todo la de Plutón). Pinturas de gran fuerza y calidad; se deben a un pintor que conocía la perspectiva y que tenía mucha facilidad para el dibujo y para el color. En la parte superior de la fachada de la tumba de Filipo aparece un friso pintado de una escena de caza (algo desacostumbrado), hay dos jinetes que pueden ser Alejandro Magno y su padre Filipo».

En esa información de Internet no se aportaba ninguna fotografía de las pinturas. Por lo demás, aquella descripción estaba plagada de ambigüedades: «Fuerza, facilidad para el dibujo y para el color...». Sólo el dato de la perspectiva le pareció algo digno de interés.

—Pronto volveré a Madrid, tengo que encontrar alguna imagen de las pinturas del túmulo de Filipo —le dijo a Claudio a la caída de la tarde, el día anterior de su vuelta a Toledo—. En una oficina de turismo griega o en la biblioteca del Museo Arqueológico Nacional. ¡En algún sitio habrá una imagen de los murales de Vergina!

III

Finalmente, subiendo a la ciudad con el coche por las cuestas, callejuelas y codos llegó a la plazuela de su casa de toda la vida. Aún le bullían las ideas que había ido rumiando en la mañana del domingo pero se centró en lo que pretendía hacer por la tarde. Estaba decidido, dedicaría un tiempo a leer sobre una pequeña intriga referida al nacimiento de Cristo y buscaría en un antiguo diccionario que tenía en casa, ocho gruesos y ajados tomos que aún se mantenían en pie derecho sobre las baldas de su biblioteca toledana. Confrontaría esas notas con las definiciones que la mañana anterior había extraído de la enciclopedia francesa Larousse.

Desde muy joven, Horacio había perseguido encontrar una historia de Cristo fidedigna. Parte de la mañana anterior había dedicado su tiempo a tomar algunas notas del Larousse, y ahora pretendía extraer definiciones sobre Cristo y el cristianismo en el diccionario toledano y las confrontaría. Dos ediciones separadas por una cuarentena de años y enfrentadas por sus ideologías, la de su apartamento madrileño era una reciente edición y la toledana se había editado en pleno dominio franquista.

La historia católica particular de Horacio se remontaba a su infancia. Guardaba una fotografía de su Primera Comunión, arrodillado, con la lengua dispuesta a recibir la hostia para adosarla en el cielo del paladar (¡sin rozar los dientes!). Masticar la sagrada forma era como darle una dentellada a Cristo, le había oído decir a un cura. Pero los tiempos habían cambiado con descaro; ahora el mismo oferente parte y mastica la hostia de cara al público.

Esas transmutaciones de lo que era malo y ya no lo es, aún le producían resquemores de niño engañado. De entonces recordaba cómo el pecado le pisaba los talones a diario. Durante los años del bachillerato le había costado digerir la asignatura de religión. A pesar del ascetismo a que le obligaban los ejercicios espirituales del instituto, un día Horacio se leyó su propio catecismo respecto a la vida eterna. Ese concepto lo asociaba con el nombre de Virginia Wolf, de quien posiblemente lo podría haber extraído.

En fin, Horacio había recopilado bastantes imágenes reproducidas de pinturas y relieves de las primeras etapas del cristianismo. La imaginería cristiana construía sus argumentos basándose en el gusto estético que se impuso tras la caída del Imperio Romano. En ese análisis de todo lo recopilado, como en un paisaje de fondo que de pronto pasara a ocupar el primer término, aparecía la imaginería narrativa cristiana; la que, por un lado, se iba apoderando de las artes y por otro, a la vez, iba destruyendo el arte que fue llamado pagano.

Estaba claro que las imágenes narrativas derivadas de las Sagradas Escrituras renegaban del naturalismo y del sentido de la belleza, perseguían una función meramente divulgativa, no estética. Sólo cuando se suscitó el asunto de la idolatría, en un momento histórico del cristianismo, se produjeron cruentas batallas dentro del propio seno de la Iglesia. De hecho, las luchas iconoclastas acabaron siendo una de las causas que desembocaron en la bifurcación del catolicismo: Roma y Bizancio fueron las dos cabezas.

En esa matiné del domingo, Horacio fue a pasear por los parterres y restos arqueológicos del llamado Parque Escolar, un jardín de principios del siglo XX donde la vegetación y las ruinas del Circo Romano se disputaban el espacio de sus existencias. Caminar por aquel jardín romano rememoraba tiempos de su infancia, cuando se le metía por la nariz el aroma de los pinos de aquel frondoso jardín, una excepción vegetal entre los escasos espacios verdes de su ciudad.

Otras añoranzas de su pubertad se paseaban por las estrechas calles toledanas o por las riberas del Tajo. Las experiencias vividas en su ciudad y en su río habían significado un apoyo determinante en la construcción de su carácter. Todavía se extasiaba mirando los difíciles escorzos que dibujaban las casas, adaptadas en desigual forma a los accidentes del terreno, erguidas y atadas entre sí. Esas calles, siempre subiendo o bajando, que obligan a mirar hacia arriba o hacia abajo, le mostraban los contrapuntos escalonados de los tejados.

IV

El día anterior le había entrado la urgencia de ponerse en marcha, y ya en la carretera se dijo: «Cambiar la sensibilidad y la cordura de Occidente por los modales cristianos fue un mal asunto». Luego le vinieron al recuerdo los restos del Circo Romano y la vegetación invasora, como si fuera la obra de un arácnido que hubiera envuelto a un cadáver arqueológico, de afuera hacia dentro, en efecto, con una tela de araña verde.

Después de dos días en el verano madrileño, Horacio regresó a su casa. Hacer esos viajes cortos a su apartamento de la capital representaban para él un desahogo. Era una compra-inversión hecha doce años atrás. Lo adquirieron su mujer y él, y Horacio lo disfrutaba en compañía de Emérita. Había pasado tantas noches con su esposa en aquel apartamento que, desde su viudez, arrellanarse allí un par de días le producía la sensación de estar acompañado. Buscaba memorias, sentía como si allí los recuerdos aún mantuviesen alguna vigencia.

De vuelta a Toledo, después de ducharse y de ponerse ropa limpia, vio que aún era temprano. Vivía en la parte alta del casco antiguo pero sintió el impulso de pasear por los jardines del Circo, en la parte baja.

Le costó poco dejarse caer cuesta abajo y cuando llegó a Los Bloques —un barrio que se construyó en las afueras de las murallas de Toledo, al lado de las ruinas romanas, e incluso sobre ellas—, lo primero y más acuciante fue tomarse un cumplido desayuno en una cafetería de las que abundaban por allí.

En la mente de Horacio se había ido forjando una lúdica visión de cuando su ciudad estaba inmersa en el mundo romano. Esa sugestión evocadora le producía una idea: todo lo ocurrido entre aquella época y la actual había sido un compás de espera, como si el tiempo hubiera sido un cable eléctrico desconectado al que ahora él pudiera volver a unir sus dos polos.

Cuando salió de la cafetería, después de cruzar la avenida y adentrarse entre los restos del circo, sus recuerdos le evocaban juegos infantiles entre los túmulos pétreos que emergían del suelo. Aquellas groseras gibas de piedra eran capaces de desmitificar todo lo que pudo haber forjado su memoria. Se dijo: «Esto es lo que queda de los antiguos graderíos, un poco más viejos y más abandonados. Ningún milagro ha impedido las mellas que el tiempo causa. Un ejemplo más de cómo la naturaleza se impone a lo sobrenatural». En su juventud había asistido a la excavación que se hizo entonces, un burdo reintento tras el que los graderíos, una vez más, volvieron a quedar abandonados. Así llevaban olvidados cuarenta años administrativos.

Le venía a la memoria don Emiliano Castaños, el viejo profesor de Ciencias Naturales del Instituto. Le recordaba contando la hazaña infantil en la que él mismo había participado a principios del siglo XX. Se dio a ese espacio el nombre de Parque Escolar y grupos de toledanitos alumnos, entre los que se encontraba don Emiliano niño, se dedicaron a plantar un árbol por cabeza en la zona que había ocupado el circo romano. Aquellos alevines arbóreos se habían convertido en árboles descomunales árboles, todo un lujo botánico infrecuente en esta ciudad reseca. Ésta acción ecológica fue guiada por el profesor Luis de Hoyos, y eligió este lugar sin pensar en las enormes raíces de los futuros grandes pinos. Tampoco pudo prever que ello salvaría los restos del Circo, porque gracias a ellos habían sobrevivido. De no haber sido así, sus restos ahora dormirían bajo bloques de casas, una suerte que, enfrente, a pocos metros, sí sufrieron una basílica y el teatro.

Pero no todo el Circo Romano compartió terrenos con el Parque Escolar, de lo que se quedó fuera de los jardines sólo resiste en pie el mal llamado Arco Romano, aislado y solitario; que no es sino el residuo de lo que fue una escalinata de acceso que ha aguantado el paso del tiempo gracias al llamado *caementicium*, la argamasa romana hecha con cal.

EL ESLABÓN PERDIDO DE LA PINTURA

El circo de aquel Toletum, hecho para carreras de carros, con un aforo para trece mil espectadores, se construyó a finales del siglo I después de Cristo, justo la época que Horacio tenía vinculada a cuando Pompeya quedó enterrada bajo la lava del Vesubio. Allí, y también en Herculano y Stabia, quedaron ocultas las pinturas que ahora anhelaba estudiar en el Museo de Nápoles. Esos murales, tras las primeras excavaciones, volvieron a ver la luz a partir del siglo XVII. Estaba convencido de que, ni aún hoy, había sido captado el tipo de inteligencia que esas pinturas significaban.

Para Horacio, el hecho de que las pinturas de Pompeya fueran protegidas de tan singular manera fue un milagro de la naturaleza, y las emparentaba con los frescos aparecidos en 1967 en Tera (Santorin), que también fueron preservados bajo las cenizas de una erupción. Estos murales, junto con los que aparecieron en las excavaciones que Evans llevó a cabo en el palacio de Knossos, tenían un gran significado para Horacio, ya que fueron pintados once siglos antes que los pompeyanos. A estos frescos y a los de Tera, los consideraba como el primer eslabón de la pintura occidental.

Sentado, en fin, en las descarnadas gradas del circo, se imaginaba un emocionante periplo: visitar los frescos de Tera y Knossos, la tumba de Filipo II en Vergina, los restos de Pompeya y el Museo Arqueológico Nacional de Nápoles.

Bajó de la grada despacio y paseó entre las ruinas disfrazadas por la vegetación. Intentó imaginar por donde iría la barrera central (la *spina*), colocada a lo largo de la arena, en torno a la cual girarían las cuadrigas, con las siete vueltas preceptivas de cada competición. Echó cuentas en el dorso de una tarjeta de visita: Longitud de la pista, 408 metros, duplicados por cada vuelta son 816, multiplicado por siete, el total daba, más o menos, 5.712 metros.

Carros y caballos estorbándose en las rectas, cerrándose en las curvas... ¿Cuánta gente vendría de los alrededores para presenciar aquel espectáculo?

Comparó los trece mil de aforo del circo toledano con los veinte mil del anfiteatro pompeyano. En ese ánimo por hermanar a Pompeya con su ciudad, veía a la primera conservada en su tumba volcánica y a Toledo devastada por el trasiego de religiones y culturas. «¿Cuántas piedras romanas habré visto entre los muros de iglesias, conventos y otras edificaciones?», se dijo. Pensó que, a pesar de la destrucción y del avituallamiento pétreo que se produjo durante dieciséis siglos, en Toledo aún quedarían vestigios romanos sin salir a la luz, restos que cimentarían edificios de toda época. No podía ser menos, en la ciudad se habían construido circo, teatro, anfiteatro, templos, basílica, termas, puentes, acueducto, calzadas, depósitos y sistemas de alcantarillado y de conducción de aguas, villas ubicadas extramuros, foro, necrópolis, acrópolis amurallada...

El burdo aspecto del conglomerado de piedras y argamasa, formando una alineación curvilínea —como una enorme columna vertebral—, no entorpecía la idea que se formaba Horacio de cómo debió de ser aquel circo: recubierto de mármoles y de sillares de granito labrado. Lo que aún quedaba del estadio, el mortero de *opus caementicium* como resto de las bóvedas, presentaba un grotesco color, sucio y oscuro.

Apenas si en esta mañana había aparecido una brisa para refrescar el ambiente. El fogoso día anterior había sido uno de esos de primeros de agosto, duros y secos, de los que el fuego impone el silencio sobre las aceras, una jornada de esas en las que el verano ya se hace pesadamente largo y se espera, buscando siempre la sombra, que se vaya esa losa de calor.

Como era de suponer, a eso de las diez y media, el sol ya había empezado a imponerse y las moscas exhibían sus facultades. Cerca de Horacio, bajo el arco bulboso y fósil de lo que fue una grada, escondidos, resecos excrementos de groseros apretones mostraban cómo la inmundicia de su dueño buscó la ocultación bajo tan nobles restos. Allí, las moscas vivaces merodeaban en torno a un festín. Pensó que esas moscas, mil veces reproducidas desde la época romana, separaban el Toledo de entonces del actual.

EL ESLABÓN PERDIDO DE LA PINTURA

Miró su reloj, el calor ya apretaba, así que se sacudió el polvo arqueológico y emprendió el regreso. Según subía cuestas, pensó en que la mañana le había reavivado el ánimo y que los pasos iban marcando el ritmo de sus cavilaciones.

Conocía bien la orografía de su ciudad. Había subido y bajado mil veces aquellas callejuelas mal empedradas. Por fin llegó a la pequeña plazoleta donde la fachada de su caserón mostraba una orgullosa antigüedad. Pasó directamente al estudio, que estaba en la planta baja, y sacó de un bolsillo un vestigio de mortero romano que había envuelto en su pañuelo. Tras mirarlo detenidamente lo introdujo en una cajita de cartón, anotando en la tapa la fecha y su dato arqueológico.

Para Horacio, una parte de sus recuerdos estaba escrita en piedra. Tenía una colección de fósiles y de diminutos restos arqueológicos archivados en pequeñas cajas, que para él eran un museo de su memoria o de su propia historia terrenal. Cada uno de aquellos vestigios guardaba un recuerdo de algún momento de su vida. En esa colección dormían fósiles y trozos de piedra o de cerámica recolectados en Egipto, Grecia, Japón, Turquía, Túnez, Italia, y otros lugares de la Península Ibérica y de Europa. Aquella era una colección de memorias que, cuando hurgaba abriendo y cerrando cajas, tomaban vida sus recuerdos. Para él era como la memoria relacionada con las artes plásticas: cada vez que se admira una obra de arte aparecen sus esencias de manera intemporal. Se dijo: «Una pintura realizada hace mil setecientos años se convierte en un sentimiento presente cuando la miras».

Ya estaba devorado por la impaciencia de ponerse frente a los dos murales de Vergina, tanto como frente a las obras más significativas del Museo Arqueológico Nacional de Nápoles.

V

Pasada la hora del mediodía, el calor veraniego ya se había apoderado de todo, por lo que, tras haber efectuado una frugal comida, se refugió en la biblioteca, el lugar más fresco de la casa. Allí buscaría en un viejo tomo del Diccionario Enciclopédico Abreviado de Espasa Calpe, que había comprado de recién casado, el nombre de Jesús. Leyó: «Se designa con este nombre a la segunda persona de la Santísima Trinidad, hecha hombre para redimir al género humano. (Ver Jesucristo: Dios y hombre a la vez)».

En aquella entrada del diccionario, editado en plena dictadura franquista (1957), se mencionaba la lucha de Jesucristo contra el poder de las tinieblas, su resurrección y sus leyes dictaminando premios y castigos.

De unas setenta líneas impresas pudo extraer algún dato de carácter histórico: que nació durante los reinados de Augusto en Roma y de Herodes el Grande en Palestina.

Luego contrastó este texto con las notas tomadas del diccionario madrileño, el Larousse (editado treinta y ocho años después), y comprobó que la censura franquista no estaba invitada. De Jesús estaba escrito: «Judío que vivió en Palestina a principios de nuestra era. Para los cristianos es el Hijo de Dios y el Mesías anunciado por los profetas. La fuente principal de que disponen los historiadores sobre Jesús está constituida por los cuatro Evangelios, pero estos libros, en sentido estricto, no son una historia de Jesús, son un anuncio de la fe, y sus autores eligieron un contexto que respondía a sus intenciones y a su perspectiva ideológica. No es posible entonces escribir una vida de Jesús en el sentido científico del término. Su nacimiento puede fecharse en los años siete o seis de nuestra era. Hacia los años 27 o 28 se encontró con Juan

Bautista y comenzó su actividad apostólica. Este ministerio, sobre la base del cuarto evangelio, se considera ordinariamente que duró unos dos años y algunos meses».

El inicio de la era cristiana aquí se databa en seis o siete años antes de la fecha que se viene celebrando siglo tras siglo. Él ya había leído en algún texto que Cristo había nacido realmente el año cuatro antes de su propia era.

Las notas del Larousse seguían: «Con la llegada de Jesús a Jerusalén, en vísperas de la Pascua judía, fue detenido a instancias de los dirigentes judíos, fue condenado como agitador político por la autoridad romana, representada por el procurador Poncio Pilatos, y crucificado el catorce del mes de Nisán del año treinta».

La vida de Jesús puede acabar con su entierro, sin embargo, su historia continuó con la de sus discípulos, quienes afirmaron haberlo visto vivo. Este hecho «transhistórico» de su resurrección no ha cesado de dividir a creyentes y no creyentes.

Horacio había recopilado a lo largo de los años imágenes reproducidas de pinturas y relieves de las primeras etapas del cristianismo. Cumplían una función divulgativa, no estética. Y cuando se suscitó el asunto de la idolatría en un momento histórico del cristianismo, se produjeron cruentas batallas dentro del propio seno de la Iglesia. Las luchas iconoclastas acabaron siendo una causa de la separación de la Iglesia bizantina.

VI

¿Cómo se pudo abandonar la grandeza del arte grecorromano de una manera tan radical? Esta pregunta se la hizo el Horacio estudiante a un profesor conservador. Y a pesar de su insistencia, nunca encontró un buen samaritano que se dignase a iluminar esas sombras.

Pensando en los años de estudiante, ahora podía ver Horacio el velo que había cubierto toda su vida. Se había encontrado con que la política y la religión habían ido cogiditas de la mano, prohibiendo, predicando y abduciendo.

Hasta los quince años había sido vulnerable. Se dijo que para dejar de ser el niño que era y encontrar el camino del hombre que iba a ser, tenía que traspasar una frontera de abrupto recorrido. Se veía capacitado para rebatir a los teólogos de cualquier época y religión.

¿Quiénes tergiversaron las aspiraciones humanistas de Cristo y las convirtieron en guerras facinerosas? Este era el tipo de incógnitas que el joven Horacio quería aclarar. Pero pronto le dieron a entender que sus dudas las cargaba el diablo.

A los dieciséis ya era toda una fortaleza desde la que podía olfatear una mentira a cien leguas. Aquellos profesores, sin pretenderlo, creaban sospechas e iban abriendo una puerta tras otra a la meditación. Leyó una noticia sobre la teoría de la creación que, al parecer, había sido apoyada por el presidente Bush y decía que el cuarenta y cinco por ciento de una encuesta realizada en norteamérica creía que el hombre había sido creado por Dios hacía sólo diez mil años».

Poco tiempo atrás, Horacio consultó uno de los tres grandes tomos de *El arte y el hombre* y leyó una opinión tendenciosa de su director, el prestigioso René Huyghe, que decía que la aparición y extensión del cristianismo cambió el sentido de la Historia, y que sin ese cambio no habríamos asistido más que a la lenta degradación del ideal mediterráneo manifestado por Grecia. Para él, el cristianismo, reconocido por Galero en el 311 (dos años antes que el edicto de Milán atribuido a Constantino) y luego impuesto como religión de estado por el edicto de Teodosio (en el 391), sustituyó esa descomposición del orden antiguo por un paso adelante. Un espíritu nuevo postulaba un arte y una estética nueva.

Pero Horacio repudió todo aquello con una respuesta escrita a lápiz en el margen inferior de la página. Anotó: «Ese supuesto paso adelante del cristianismo, desde el principio, creó una corrupción en el arte: el amaneramiento de la imaginería plástica, repitiendo imágenes icónicas hasta la saciedad y sin un espíritu artístico creativo. Aquella idolatría iconoclasta desembocó en una vuelta al primitivismo, que significaba un regreso al espíritu de la frontalidad, la pérdida de la inteligencia artística y la ausencia de visión escénica».

Luego, no conforme del todo con su propia opinión, añadió otras notas tomadas de su querido Nietszche, escritas en los mismos márgenes de la página: «No fue, como se cree, la corrupción de la antigüedad misma, de la Antigüedad aristocrática, la que hizo posible el cristianismo. Nunca será demasiada la dureza con que se contradiga al idiotismo docto que todavía hoy sostiene algo así».

La fecha de la edición española, consultó, era de 1966. En su adolescencia había comprado por mensualidades los tres tomos de *El Arte y el Hombre* y los dos de *El arte y el mundo moderno*. Había cometido también un pequeño crimen desde la clandestinidad de su tierna juventud, había logrado hacerse con una edición en castellano del prohibido *El Anticristo*.

Esa misma tarde de domingo buscó el libro de Nietszche en las estanterías de su dispersa biblioteca, repartida entre su casa y su estudio. Quería comprobar si permanecían los subrayados con lápiz. Siempre a lápiz, para que quien heradara un libro suyo pudiera borrarlo. El lápiz, la herramienta más democrática.

VII

El día siguiente, lunes, a la caída de la tarde, Horacio pensó en hacer una visita al director del museo de Santa Cruz de Toledo. Allí, ocultas al público en sótanos y pasillos, entre recalcitrantes montones arqueológicos, esperaba ver algunos vestigios romanos provenientes de Toletum y su entorno. Aunque, primordialmente, el asunto de su interés se centraba en obtener alguna recomendación que le facilitase contactar con el director del museo de Nápoles. Suponía que entre directores de museos arqueológicos, con depósitos importantes, podría existir algún vínculo o conexión, o, al menos, podría establecerse algún contacto.

Unos días antes, en un acto público, se había encontrado con Cuesta, el director de Santa Cruz, y había salido a colación su tesis y la visita que, en breve, quería hacer al Arqueológico Nacional de Nápoles. En la conversación, el director mencionó a una pareja de investigadoras que iban a publicar un trabajo sobre un mural romano encontrado en el antiguo convento de San Pedro Mártir. Horacio mostró interés en conocer los detalles y en contactar de alguna manera con alguna de las arqueólogas.

—Cuando vengas a verme, te puedo dar un teléfono —le había dicho.

Del museo de Santa Cruz recordaba fotografías en blanco y negro de dos mosaicos romanos, de cuando la sección arqueológica aún estaba expuesta al público. Habían sido hallados en unas villas romanas que aparecieron en las afueras de la ciudad. Pero, sobre todo, lo que esperaba obtener de su visita era una credencial que le abriese puertas en el museo napolitano.

Fue el martes siguiente, a las diez de la mañana, cuando telefoneó para conectar con Bernardo Cuesta. Quedaron en verse a las doce. En su despacho charlaron sobre la tesis de Horacio, pero en cuanto a la posible conexión con el museo de Nápoles, nada de nada, no había contactos ni con su director ni con ningún otro cargo. No obstante, Cuesta le dio nombres de arqueólogos que trabajaban en el Centro Superior de Investigaciones Científicas en Madrid. También le dio el teléfono de Martina Arana, una de las arqueólogas que había estudiado la pintura de San Pedro Mártir.

De aquella visita arqueológica sólo resultó decepción al comprobar que el mural de San Pedro Mártir, depositado en uno de los pasillos de la primera planta que daban vueltas a un patio, estaba desmenuzado en migajas arqueológicas y clasificado en cajas de plástico para verduras. A las teselas les esperaba un letargo impredecible. Así, aquel mural no era otra cosa que un puzzle inútil.

Le dijo Cuesta que casar y numerar piezas a Martina Arana le había costado dos veranos, y aun así el ochenta por ciento había quedado sin emparejar. Horacio comprobó la triste realidad al tomar en sus manos algún fragmento numerado. Pero todavía fue más decepcionante oír la descripción que habían hecho las arqueólogas de cómo era aquella pintura: sólo tenía de especial algo parecido a un homúnculo, el resto se reducía a los paramentos lisos con que se decoraban los zócalos de las casas romanas.

Se despidió de Bernardo Cuesta y, entre restos y embalajes durmientes que ocupaban pasillos y otras dependencias que había cruzado para acceder a su escondido despacho, encontró las escaleras que daban a la salida. Su idea de volver allí para ver mosaicos romanos quedó aplazada hasta que los dioses fueran más benévolos. En cualquier caso, sabía que no le aportarían nada, porque ver restaurado aquel mural sin pedigrí sería como ponerle puntos suspensivos a la niebla. En fin, sus esperanzas quedaron allí entre cascotes.

Traspasada la gran puerta del museo, Horacio salió a la calle y pudo observar que el cielo presentaba una cara tan plomiza como las expectativas que él se había forjado. No podría urdir paralelismos fantásticos entre Toledo y Pompeya. Sus fantasías de contar en Toledo con una pintura similar a las del museo napolitano se le habían derrumbado estrepitosamente. No obstante, tenía interés en contactar con Martina Arana.

Desde que enviudó, los amores de Horacio se habían adaptado a la nada. Su celibato era como una fortaleza abandonada. Pero en las mazmorras de ese fortín todavía palpitaban dudas. Evitaba cualquier experiencia nueva porque jamás podría establecer un equilibrio como el que había gozado en vida de Emérita. Tal vez por eso, sus tendencias fisiológicas naturales quedaban relegadas a una casta soledad. Él siempre mantuvo un vínculo indivisible entre cariño y amor, entre veneración y respeto, entre gozo íntimo y necesidad sexual. Así que, forzar una relación únicamente sexual con alguna mujer no era una actitud para la que se veía dispuesto. A pesar de su determinante postura, en ocasiones, en su acallado interior, se mantenía una leve tendencia que no se extinguía del todo.

Corrían los días de mediados de septiembre cuando Horacio tecleó el número de teléfono que Bernardo Cuesta le había dado.

—¿Martina Arana? —preguntó al oír una melodiosa respuesta.

—Sí, dígame —repitió una voz suave y a la vez firme.

—Soy Horacio Paniagua —dijo e hizo una breve pausa—. Por decirlo de algún modo, aunque soy pintor, también le dedico un tiempo a la historia arqueológica. Ahora estoy escribiendo sobre la pintura grecorromana y, bueno, he sabido por el director del museo de Santa Cruz que usted ha escrito una tesis sobre el mural aparecido en San Pedro Mártir.

Horacio hizo otra pausa para invitar a su interlocutora a tomar la palabra.

—Sí, así es, pero dígame, dígame.

Se alargaban las palabras al otro lado del teléfono.

—No quiero parecerle inoportuno —continuó—, me interesa conocer su versión sobre el mural, y de paso su opinión sobre lo que estoy escribiendo. Sería cuando usted buenamente pueda.

Como Martina no dijo nada, Horacio retomó su argumentación.

—En fin, puede parecerle un tanto extraño, pero tengo un vivo interés por saberlo todo de esa pintura romana.

Continuó el silencio de su interlocutora.

—Incluso, tal vez yo —siguió diciendo—, desde el punto de vista de un pintor, podría ofrecerle algo aprovechable para su trabajo.

Dicho esto, Horacio dejó de hablar en seco y esperó a que Martina saliera de su silencio y tomara la palabra.

En realidad, ella no había encontrado el momento para intervenir porque la situación le había producido un efecto de reflejos retardados.

—Sí, es posible que sea bueno un intercambio de opiniones —dijo al fin—, pero ya he dejado cerrado aquel trabajo. No obstante, sí, podemos vernos. Tal vez mañana por la tarde. Se ofrece una conferencia en la Real Fundación de Toledo, a las siete y media. Yo tengo interés en asistir... —dejó la frase en suspenso.

—Excelente. ¿Cómo podremos reconocernos? —dijo Horacio con un atisbo de interés.

—Yo te conozco, Toledo es pequeño. He visto alguna foto tuya en algún periódico, con motivo de alguna exposición que has hecho —Martina declinó el tono de su voz—. Mañana nos veremos cuando termine la conferencia. Agradezco tu gentileza.

—Seguro que tu visión sobre la historia de la pintura me dará en qué pensar. Hasta mañana pues.

—Ardo en deseos de que así sea —se extralimitó Horacio—. Hasta mañana, Martina.

La conversación mantenida con Martina Arana le había causado buenas vibraciones. El timbre y las modulaciones de su voz le habían creado cierta inquietud por conocer a esa mujer. Su imaginación se puso a rodar: sería una mujer dulce, soltera, de cuarenta años bien llevados, cuyos labios carnosos trasmitían sensualidad...

Al entrar en el salón de conferencias de la Real Fundación, Horacio paseó la vista sobre una treintena de personas sentadas en las butacas que ascendían escalonadas hasta la última fila. Allí se encontraba él, a nivel con una de las dos puertas de acceso a la sala. Parado en lo alto unos instantes, oteando desde su alta línea de horizonte. Despacio y dejándose ver, fue bajando escalones hasta pararse en la tercera fila para volverse y mirar hacia arriba, ya con su línea de horizonte baja. Sin observar señales de reconocimiento, se introdujo en la fila para ocupar uno de los tres asientos que estaban libres. Expectante y en pie estuvo mirando en todas direcciones, hasta que tomó asiento en la butaca del medio; con ello pretendía que alguno de los otros dos lados, al menos, quedara libre.

Transcurrieron unos minutos antes de que el presentador diera pie al comienzo de la conferenciante, y ésta inició la charla a la media luz que requería la proyección de una serie de diapositivas. Durante el desarrollo de la conferencia sobre la Roma culinaria, la mente de Horacio estaba dispersa y sumisa; sus pensamientos oscilaban entre la cocina romana y sus cavilaciones. Habían transcurrido dos años desde la muerte de su esposa y era la primera vez que se citaba intencionadamente con una mujer. Las luces de la sala, cuando se encendieron del todo, le sacaron de sus fabulaciones sobre lo que consideraba algo así como una cita a ciegas.

Tras los aplausos de rigor, el público se levantó e inició su éxodo hacia las puertas de salida en la parte de arriba. Él, muy despacio, se fue introduciendo en la hilera humana que ascendía sin dejar de mirar hacia todas partes, en especial a la parte alta. En aquella sala no cabían más de noventa personas y habían quedado libres pocas butacas, de modo que no sería tan fácil hacerse el encontradizo. No obstante, una mujer con una melenita a lo Mathieu le hizo una seña con la mano abierta desde la última fila.

Cuando Horacio se acercó a la altura de Martina, pocas personas quedaban ya tras él. Entonces hizo un saludo valiéndose de su sonrisa y miró a los ojos pardos de aquella mujer de pelo castaño vestida con tonos pardo-oscuros. Su boca era una línea fina exenta de sensualidad y su cuerpo no pretendía convencer a nadie de lo contrario. Y pensó que lo más atractivo de aquella mujer de ojos un tanto esquivos debía de ser su dulce tono de voz.

EL ESLABÓN PERDIDO DE LA PINTURA

—¿Martina?

—Hola, ¿cómo estás? —dijo ella extendiendo la mano.

—Estoy encantado de conocerte —respondió Horacio tomando la mano con suavidad y acercando su mejilla a la de ella.

Tras un leve toque a cada lado y un repentino silencio, Horacio se apresuró a romperlo con una tos carrasposa.

—Se me ha quedado la boca reseca de ver pasar de largo los manjares romanos —banalizó mientras invitaba a Martina con la mano para que pasase adelante.

Ésta, volviendo la cabeza para mirarlo, pareció excusarse.

—He llegado un poco tarde. Menos mal que había un sitio libre aquí arriba. Cuando he entrado todo estaba a media luz. Luego se me han ido adaptando los ojos y te he podido localizar —dijo.

—¿Qué te ha parecido la charla? Habrás disfrutado con esta arqueología culinaria. —Horacio se esforzaba en ser simpático:

—La conferenciante tiene editado un libro sobre las costumbres romanas en el que le dedica un amplio espacio a la cocina. Si te interesa, podría facilitarte algunos datos bibliográficos de éste o de otros temas sobre la Roma arqueológica.

Martina, sin ser esquiva, encaminaba la conversación por derroteros profesionales.

Charlaron, tomaron vino y cerveza sentados en un bar y, de forma progresiva, ambos contendientes fueron relajando sus defensas. Antes de despedirse, Horacio le informó sobre lo que haría al día siguiente:

—Mañana voy a Madrid a buscar documentación sobre la tumba de Filipo, el padre de Alejandro Magno, luego iré de exposiciones. Intentaré que el día transcurra agradablemente...

Horacio puso puntos suspensivos a la frase como si se le pudiera añadir alguna alternativa por parte de Martina.

—A mí me toca un día más aburrido —dijo ella sin dar otras explicaciones.

Se despidieron en un cruce de calles y cada uno se fue por la suya. Amigablemente convinieron en llamarse para intercambiar opiniones, porque, al final, muy poco habían hablado sobre arqueología romana.

Horacio no fue a Madrid al día siguiente sino dos días después, y nada más llegar se lanzó en busca de información sobre el túmulo de Filipo II. Para ello se personó en la oficina griega de turismo. En el mostrador sólo tenían un folleto de Macedonia. El funcionario, que hablaba correctamente el español, le dijo que él era de aquella zona y que había visitado lo que se había convertido en el museo de Vergina.

Sin embargo, los frescos que a Horacio tanto le inquietaban no pudo verlos ni en una mala reproducción de folleto. El que le ofrecieron, en cuya portada aparecía un relieve del perfil áureo de Alejandro Magno, lo estuvo ojeando mientras hablaba con el hombre del mostrador. En ninguna de las páginas del interior había otra cosa que no fueran playas, hoteles y otras peculiaridades turísticas. Del museo de Vergina sólo había una mención de los murales, al menos, con un elogio: «Los únicos del mundo con grandes pinturas conservadas de la antigüedad». Tampoco el funcionario le pudo dar alguna referencia bibliográfica, ni alguna reproducción de los frescos, sólo le indicó que si iba a visitar Vergina, encontraría algún catálogo del museo con reproducciones de todo, y le informó de cómo sería el viaje: un vuelo de Madrid a Atenas y otro de Atenas a Tesalónica. Los ochenta kilómetros restantes hasta Vergina los tendría que hacer por carretera.

A falta de información para conseguir imágenes, se encaminó hacia el Museo Arqueológico Nacional de Madrid, donde, por fin, rastreando el nombre de Vergina en un ordenador, apareció un libro titulado *Vergina II*, con la mención de uno de los dos frescos anhelados: *El rapto de Perséfone por Plutón*. Supuso que la escena de caza en la que aparecían Filipo y Alejandro debía de estar reproducida en otro libro que se titularía *Vergina I*, pero ése no apareció por ninguna parte. Al menos contemplaría la reproducción de una pintura griega que había sobrevivido veinticuatro siglos: ¡Un fresco de finales del siglo IV antes de Cristo!

Se emplazó en una mesa de la biblioteca. El libro estaba editado en inglés y escrito por el arqueólogo griego que descubrió el túmulo (Manolis Andronikos). Era un estudio editado diecisiete años después del hallazgo del enterramiento de Filipo II, en 1977. Pero más que leer, lo que él ansiaba era ver las imágenes del fresco en color. No quedó defraudado, se trataba de una obra maestra que podría achacarse a un gran pintor como Apeles. Las caras de Plutón y de Perséfone sobre el carro, de un joven corriendo por delante de los caballos, de una mujer arrodillada e, incluso, la cabeza de uno de los corceles, mostraban perspectivas de visiones escorzadas, tan difíciles de resolver, con tanta frescura y sabiduría, que indicaban haberse guiado por la mano de un cerebro privilegiado.

El modelado de las sombras de las caras, junto con las de los cuerpos y los caballos, mostraban un dominio absoluto en la representación de las formas. Las capacidades plásticas apuntaban a una evolución digna del pleno Renacimiento. La cabeza de Plutón, con sus rasgos y sus cabellos, estaba próxima a los bocetos de Leonardo, y el tratamiento de los colores al fresco era de tal ligereza y soltura que tenía la fluidez de una acuarela de enormes proporciones. Las telas flotantes, el carro, los caballos blancos con las patas delanteras levantadas, las carnaciones, los cabellos y el terreno estaban resueltos sin estridencias de color. En el sentido de la perspectiva podía percibirse el punto de vista unitario de la escena.

En el estudio hecho por Andronikos se dibujaban acertadas recomposiciones gráficas donde, incluso, se resaltaban las líneas previas para el fresco grabadas sobre el muro; las orientaciones del dibujo antes de incluir los colores. Ese vestigio era el mejor certificado de la maestría del pintor, puesto que los dibujos de tanteo previos sólo eran trazos rectos o líneas ovaladas para marcar la posición de un dedo o de una cabeza, sin más. No se había hecho un dibujo muy detallado para luego rellenar de color. El pintor del túmulo, tras la muerte de Filipo II, hacia el año 323 antes de Cristo, había pintado los colores y las formas directamente, sin dibujo amarrado previo, con una maestría y una soltura asombrosas.

Esa soltura le evocó a Horacio la anécdota del artista japonés que pintó un gallo por encargo de su emperador. Tardó un año en presentar un trabajo de asombrosa ligereza en los trazos y al ser preguntado por el motivo de tan larga demora, el pintor dijo haber esbozado cientos de gallos antes de conseguir la soltura del que tenía ante sus ojos. El artista del túmulo de Filipo había pintado con esa soltura cuerpos, caras, manos, caballos y, además, incluyó en ellos unos escorzos sólo comparables a los del Renacimiento pleno.

Cuando Horacio volvía conduciendo a Toledo, aún mantenía en su retina la maestría del pintor de Vergina. Las conclusiones que extrajo de esos frescos, a pesar de ser una reproducción fotográfica, eran admirables. De igual manera que se descifra la pertenencia de un cabello gracias al ADN, así pensaba él que el análisis del concepto de un trazo puede descifrar las capacidades cerebrales de un individuo, tanto como el punto de evolución en que se encuentra una determinada cultura. Mientras conducía, seguía hilvanando ideas sobre lo del ADN artístico. Pensó que con similar argumentación, en el arte contemporáneo podría identificarse lo que es más auténtico.

Conducía con la velocidad apacible que requerían sus pensamientos, que circulaban en torno a la esencia del arte y a los ancestros de la pintura occidental. Él asumía que su propia pintura estaba ligada al largo cordón umbilical de la cultura de Occidente. Iba diciéndose que el catolicismo no pudo evitar el rebrote naturalista del humanismo occidental y que el alma de Occidente volvió plenamente a la superficie con el arte renacentista. Ahora, a pesar de la actual deshumanización de los valores de Occidente, habría que esforzarse para que la evolución del espíritu occidental fuera capaz de dar el paso que le tocaba.

VIII

Horacio pensaba que el amor es el más infiel de los sentimientos, y el más idealizado, «siempre anda a la búsqueda de nuevos horizontes».

El amor que Horacio había compartido con Emérita tuvo muchas fases de gozo. Aunque el paso del tiempo siempre actúe erosionando, él no quería renegar de ninguno de esos recuerdos, pero, día a día, la memoria del pasado se iba desvaneciendo, al igual que la imagen de la bonita cara de Emérita. Sabía que no era posible mantener latente aquel amor, sobre todo si aparecía otro sentimiento que fuera capaz de deshilachar el tejido de su memoria.

Desde su primer encuentro con Martina el día de la conferencia, la de hoy era la primera vez que Horacio se había citado con ella. La conversación derivó hacia derroteros que poco tenían que ver con historias romanas. Se centró en las relaciones entre hombres y mujeres. En un momento determinado Martina dijo:

—Es importante valorar la armonía, creo que el machismo o el feminismo son enfrentamientos forzados que nacen desde la frustración.

Inesperadamente, Horacio se limitó a decir:

—Es atrayente oírte decir eso.

Las mejillas de Martina notaron sobre sí la presión de un disimulado asedio y le costó responder.

—¿Sí? —dijo, pero le hubiera querido decir: «¿Has entendido lo que te he dicho?».

Era evidente que Horacio mantenía una actitud de galanteo pero a ella no le resultaba cómoda esa situación. Los escarceos no le producían bienestar. Ella no tomaría ninguna iniciativa, le parecía más propicio agazaparse.

Mientras las ideas de Horacio titubeaban lo suyo y lo ajeno, sus ideas no buscaban un objetivo definido. Se limitaba a caminar sin apasionamiento y se preguntaba por qué no dejar que las cosas siguieran su curso natural. «Parece que a ella también le complace mi compañía», se dijo.

Resultó ser que sus conversaciones se convirtieron en un pretexto para verse de vez en cuando y, más adelante, para verse casi a diario.

Las citas solían terminar con un roce de mejillas y un corto adiós o un hasta mañana. Ella era diez años más joven, y Horacio no conocía el grado de atracción que Martina pudiera sentir por los hombres. Lo que le atraía a él, más que su frágil físico, era su especial forma de ser. Lo cierto era que con el roce y la costumbre de verse, hasta el físico de ella ejercía en él una atracción indeterminada. Además, había observado que Martina, con ligeros toques, cuidaba cada vez más su apariencia.

El cariño que Horacio había sentido por su mujer no era cosa que se hubiese forjado en un solo día. Ella estuvo a su lado en todo momento, alentándole, mostrándole ciegamente su confianza. Era su fan más segura y más fiel. Respecto a la opinión que él le pedía de sus cuadros en ejecución, su crítica le daba un valor del todo fiable.

—No sé, parece que este cuadro está pidiendo algo, le falta algo.

Y entonces el alargado meñique de Emérita casi siempre se posaba sobre los puntos flacos. Sin embargo, el sentido estético de ella no iba más allá de colocar una vasija de cristal de molde sobre un tafilete de plástico imitando un bordado.

—Estoy en el punto de plasmar mi propia filosofía plástica y creo poder reconocer mis capacidades artísticas dentro de mi ascendencia occidental.

Emérita estaba presente sin participar en esos soliloquios que Horacio disparaba de vez en cuando. Eran como andanadas de plomo que pasaban por encima de su cabeza sin tocarle un solo pelo. Pero ella era una mujer realmente buena y paciente. En el seno del matrimonio, Emérita y Horacio eran una pareja bien avenida. La relación entre ambos era de respeto con el sentir y el modo de actuar del otro. En cuanto al sexo, Horacio siempre procuró anular lo que éste pudiera tener de servidumbre o dependencia. No le gustaba aquella frase hecha de «En la guerra como en el amor, todo vale». Ahora, viudo y habiendo cruzado la frontera de los sesenta años, se decía a sí mismo respecto al sexo que había una incógnita sexual que se escondía íntimamente en lo más profundo de cada persona.

IX

La Historia no puede estar plagada de interpretaciones. A menor número de documentos, mayor grado de interpretación. Gran parte de la Historia se ha escrito interpretando», decía Horacio.

Estaba convencido de saber cómo debió ser la pintura en la Antigüedad griega y romana. Y pretendía identificar el proceso a partir de las evoluciones del arte occidental. Excluía el largo periodo que va desde la pintura paleocristiana hasta el Gótico. Consideraba que el paso siguiente a la gran pintura grecorromana no pudo verse hasta el Renacimiento. Para él, el arte occidental, era una columna vertebrada por Creta, Grecia, Roma, la Italia renacentista, la Europa barroca y los sucesivos pasos desde el Neoclasicismo y el Romanticismo hasta nuestros días. Con respecto a la pintura contemporánea, consideraba que el tiempo aún no había hecho la criba definitiva sobre los movimientos del siglo XX.

Iba pasando el tiempo y la entrega de las notas prometidas no llegaban a Martina. Pensando en las que le iba a pasar, sacó de su ordenador las fichas que le parecieron más especiales, que eran parte de sus propias opiniones y que no podría encontrar en los libros habituales.

Estas eran algunas de esas fichas:

• Grecia creó un ideal de belleza universal y, a la vez, hizo que el arte viviera libremente. Esa evolución, que duró cinco siglos, de una u otra manera ya no desaparecería de la mentalidad occidental. El Naturalismo y sus conceptos abstractos —equilibrio, medida y proporción— llegaron a crear el racionalismo occidental y, al mismo tiempo, se defendió la sensibilidad individual que diferencia a un hombre de otro.

• De mediados del siglo V se conocen los nombres de ciento treinta pintores de cerámica. Se puede afirmar que este arte ha permitido seguir la evolución de la pintura, hasta mediados de este siglo, cuando los artistas de primera fila dejaron de pintar en los vasos griegos. La popularidad y el uso de la cerámica denotan que el pueblo estuvo en conexión con la evolución estética.

• Un ejemplo de cómo trascendía el arte en el pueblo son las exposiciones pictóricas que se hacían en la acrópolis de Atenas (en los Propileos). Esto significa que fue la primera pinacoteca ofrecida a la contemplación pública.

• En Grecia, los puntos de vista de la perspectiva lineal y aérea ya eran conceptos plasmados en la pintura. Hacia el año 460 antes de Cristo, los escenarios del teatro ático ya tenían fondos pintados con perspectivas.

Seguían fichas sobre las características de la pintura griega entre 425 y 390 a. de C.:

• Los grandes maestros llevaron el arte de la pintura a su más alto grado de perfección: sombras que modelaban los volúmenes, valoración de matices, fundidos, efectos de transparencias, escenas con múltiples personajes, variedad compositiva y la expresión de sentimientos por medio de los gestos de las manos, de las actitudes o de la mirada. Se llegaron a expresar por medio de la mezcla de estilos. El eclecticismo ya fue inventado por el arte griego.

Cuando Horacio le entregó a Martina la carpeta con las fichas, dos meses más tarde del día de su encuentro en la Real Fundación de Toledo, la relación entre ambos se había ido consolidando.

X

No podía esperar más, el anhelo de viajar a Macedonia era tan intenso que iba y venía constantemente por su cabeza, de la misma forma que el bolo alimenticio de un rumiante va y viene del estómago a la boca. Para él, la aparición de los murales de Vergina había sido como oír el canto de las sirenas al igual que Ulises atado a un mástil. Desde el principio de su tesis, el fundamento de ese viaje se había ido fraguando hasta convertirse en una necesidad biológica.

El viaje a Grecia ya estaba en marcha. Por medio de una agencia había reservado el vuelo y la estancia hotelera, incluso el alquiler de un coche que tomaría en el aeropuerto de Atenas. Contrataría el automóvil para cuatro días, el tiempo imprescindible para cubrir su objetivo holgadamente.

Había cambiado el plan inicial de viaje, el que le hubo recomendado el funcionario de la oficina de turismo griega en Madrid. Controlar sus propios movimientos le ofrecía más seguridad y le daba tiempo para hacer turismo de un día en Atenas. Las cuentas le salían a favor de alojarse en la capital griega, hacer los kilómetros de ida y vuelta a Vergina el segundo día y el tercero disfrutar de una visita al Museo Arqueológico Nacional de Atenas y a pasear por la Acrópolis.

Desde Toledo ya lo había planificado todo e incluso lo había comentado con Martina. Hablando con ella había caído en la cuenta de que en el Museo Arqueológico de Atenas podría ver algunos de los frescos arrancados de los muros de Thera y de Knosos. Eso significaría que los futuros e hipotéticos viajes a la isla de Santorín y Creta podrían ser innecesarios.

Había recopilado toda la documentación que él tenía de su primer viaje a Grecia; de eso hacía quince años. En aquella ocasión pasó diez días inolvidables con Emérita. Habían hecho turismo por Atenas, Corinto, Olimpia, Micenas y un bonito periplo en barco por las islas más cercanas.

Entre lo recopilado del primer viaje encontró libros, folletos, postales, un plano de Atenas y otros recuerdos sobre papel. Uno de los libritos era un catálogo del Museo Arqueológico Nacional de Atenas con reproducciones de lo más importante que había en exposición. Lo hojeó y vio imágenes de obras expuestas de las que él apenas recordaba haberlas visto. No era nada extraño que obras del arte cretomicénico estuvieran allí. Era lo más natural, pero él no había caído en esa cuenta. Lo cierto es que podría aprovechar la ocasión para estudiar en directo algunos de los frescos que tanto le interesaban, entre los que destacaban los célebres jóvenes boxeadores y unas magníficas gacelas.

Dos días antes de salir, Horacio y Martina habían comentado diversos aspectos del viaje y de las posibilidades que se le abrían para su estancia en Atenas. Él había aludido al miedo que tenía de perder el vuelo para la vuelta porque salía a las nueve y cinco. Para estar en el aeropuerto con las dos horas de antelación debidas, tendría que levantarse a las cinco de la mañana.

—O sea, las cuatro en España. Tendré más de tres horas para salir del hotel con el coche alquilado, encontrar las calles y la carretera para llegar a la terminal, aparcar, devolver la llave en la agencia y retirar la tarjeta de embarque.

—Quieres ganarle tiempo al tiempo. Podías haber reservado más días para viajar sin agobios.

—No quiero estar mucho tiempo separado de mis amigos —dijo buscando los ojos de Martina.

Ella rehuyó esa mirada frontal y una respuesta directa. Intuía que a él le hubiese gustado hacer ese viaje en compañía, pero ella no estaba dispuesta, así que se limitó a decir:

—Cuando vuelvas, todo seguirá en su sitio. Toledo cambia poco, lo cual tiene sus ventajas.

El día anterior a su partida, Horacio se centraría en la preparación de lo más imprescindible, una bolsa de lona para colgar al hombro donde metería poca ropa. La cuestión era evitar la facturación en los aeropuertos y la pérdida de tiempo en la devolución de maletas. Le sonaba bien eso de ir ligero de equipaje.

Horacio no quiso seguir en la cama aunque aún eran las seis de la mañana y se levantó a hacerse un café, asearse y revisar el equipaje hasta que partiese con su coche para Madrid. En fin, disponía de tiempo para perder, su avión salía a la una menos diez. Tenía previsto salir con su coche a las nueve y dejar el coche aparcado en el aeropuerto hasta la vuelta. Prefería contar con sus propios medios desde el principio hasta el final del viaje.

El tiempo transcurrió como estaba programado y se dedicó en el aeropuerto a perder el tiempo. Paseó por las tiendas, tomó otro café, leyó el periódico, retiró la carta de embarque y compró sudokus para hacer en el avión hasta que aterrizara en Atenas. A las doce y media, llamó a Martina desde la zona de embarque.

—¡Qué mal me sienta perder el tiempo esperando! Si me has cogido el móvil, será porque no estés dando clase, ¿verdad?

—Así es —le contestó—, en mi horario de clases hoy no figura como día laborable; por si no lo recuerdas, hoy es sábado.

XI

Cuando llegó al hotel de Atenas en el coche alquilado, ya había cobrado conciencia de dos hechos: de la dificultad para entender los nombres de las indicaciones de la autovía y de lo difícil que era localizar unas señas conduciendo por la capital griega, en especial si se hacía con un plano extendido en el asiento de al lado.

«Tú estarás duro pero yo no llevo prisa, le dijo el perro al hueso», se dijo Horacio a sí mismo mirando por el espejo retrovisor.

Por fin consiguió llegar hasta donde terminaba la autovía con la indicación de Pireios. Recorrió la larguísima calle Pireo y finalmente llegó a la plaza Omonia, en el centro de Atenas. Allí le estaba esperando el hotel Metropol.

Desde que retiró el pequeño coche del aeropuerto hasta llegar al hotel habían transcurrido dos horas. El Metropol, de cuatro estrellas, no tenía aparcamiento propio pero consiguió que un botones montara con él para que le fuera indicando dónde estaba un aparcamiento concertado con el hotel, cutre para más señas, a tres manzanas más abajo. De vuelta, el amable colaborador se mereció una buena propina por transportarle la bolsa de viaje hasta las puertas del hotel.

Dar un relajado paseo, eso es lo que hizo Horacio en su primera hora en Atenas. Salió a desentumecerse y a respirar el aire ateniense. Estaba oscureciendo cuando volvió al hotel, a una habitación minúscula de cuatro estrellitas y un pequeño aseo con un reducido plato de ducha. Tras asearse, se dispuso a comer una especie de empanada y beberse una cajita de leche, lo que había comprado mientras estuvo dando vueltas por las cercanías. La empanada no era lo que le pareció en el expositor de la tienda de alimentación; no era salada sino un superdulce, y pringosa de miel por dentro. Comió apenas la mitad y se deshizo de la otra encestándola en la canasta-papelera del aseo. Luego se afanó en eliminar los rastros melosos de sus manos y de su boca.

Después de beberse la leche se tumbó en la cama dispuesto a coger el sueño con la televisión, el canal internacional de TVE. Puso antes el despertador a las cinco y media con la intención de salir temprano hacia Vergina.

Cuando sonó el despertador, la televisión estaba apagada y el mando a un lado de la cama de matrimonio que le acogió en su seno, que ocupaba más de la mitad de la habitación.

La autovía principal que asciende hacia el norte, casi costeando, se bifurcaba en la zona macedónica; un ramal iba hacia Tesalónica y el otro a Veria, muy cerca de Vergina. Había hecho alrededor de quinientos kilómetros para llegar allí, los últimos por carreteras secundarias, donde la señalización brillaba por su ausencia.

Después de no ver a nadie que pudiera informarle, encontró un coche aparcado en la cuneta y se bajó a preguntar al conductor. Era un joven búlgaro que hablaba español y había estado estudiando seis meses en Barcelona con una beca Erasmus. Le acompañaba un hombre que resultó ser su padre y una señora mayor.

—Nosotros también estamos buscando el túmulo de Filipo —dijo el joven con un GPS en una mano, mientras con la otra buscaba pistas con un puntero—. Tampoco aquí aparece.

Se bajó del coche y se presentaron mutuamente. El joven se llamaba Zahari y era muy amable.

—Zacarías en español —dijo.

A cincuenta metros había una casa semioculta tras un cercado y allí se dirigieron ambos. Les informaron que a dos kilómetros se encontraba Vergina, de modo que arrancaron en esa dirección, uno detrás del otro, hasta que aparcaron en un lugar del pueblo, casi a las puertas del recinto arqueológico.

Cuando se apearon todos, Zahari hizo las presentaciones. Peter, su padre, tan alto como el hijo, era pintor, y su tía, muy rubia y bajita, era juez.

—Mi madre también pinta. Yo no he heredado esa gracia, me dedico a la abogacía.

Cuando Horacio dijo que él también era pintor, abstracto, y que tenía relación con algunas galerías de Madrid, Zahari dijo que su padre también era algo abstracto y se interesó por mantener algún tipo de contacto e intercambiarse información por Internet. Así que se intercambiaron las señas mutuamente y Horacio prometió enviarle algún catálogo suyo cuando regresase.

Se dirigieron juntos al deseado túmulo de Filipo, y tras pasar por ventanilla y bajar una rampa que se introducía en un montículo con forma de casquete esférico, cada uno se fue dispersando por las penumbras del museo. La emoción estaba servida.

La iluminación había sido tratada escenográficamente. Estaba a oscuras todo lo que no fueran restos en exhibición. Las vitrinas iluminadas mostraban diferentes artículos arqueológicos: los objetos de oro, de marfil o piedras preciosas se alternaban con la cerámica.

Nada más entrar, lo que llamó poderosamente la atención de Horacio fue una estela funeraria con dos figuras en color, una muy deteriorada y la otra primorosamente pintada. Él ya tenía fotocopia de esa obra y ahora que la tenía delante, fue tal el deleite al contemplarla que pensó que por ver la calidad de esta pintura, ya había merecido la pena tragarse los quinientos kilómetros.

Pintado sobre la piedra, un hombre escuchaba humildemente lo que parecía decir con las manos una mujer. Sólo por la actitud, por la cara del hombre y la mano que hablaba, esta pintura podría considerarse como una obra digna del Renacimiento. ¿Quién sería aquel pintor anónimo?

Siguió deambulando por las tinieblas y, más adelante, quedó sorprendido ante las miniaturas esparcidas por una de las vitrinas. En ella se exponían restos de lo que pudo ser una composición en la que aparecían los rostros de Filipo y de su hijo Alejandro. Había una buena cantidad de fragmentos no mayores de cinco centímetros: brazos, piernas, manos y torsos que se constituían en una magistral lección de anatomía humana.

La gente se aglomeraba especialmente en las vitrinas del oro, con una corona laureada y la urna de Filipo como estrellas principales. Él ya había pasado por esos atascos, había visto por encima todo lo que para él no ofrecía un interés artístico especial y buscaba ansioso la tumba, que suponía ahondada en el centro del recinto museístico.

Excavado al final de una escalera provisional de madera, el turista podía descender hasta detenerse frente al mural de la portada de la tumba de Filipo II. Para impedir acercarse a menos de cuatro metros del cerrado pórtico, un frontal de metacrilato hacía las veces de urna de cristal. Horacio ya conocía la escena de caza. Tenía grabado en la memoria el fresco que se desarrollaba en el friso horizontal por encima de la puerta. De algo más de cuatro metros de ancho por menos de un metro de alto, la pintura estaba muy deteriorada y por sus diseminados fragmentos, se podría decir que lo que aún quedaba con vida sólo sería el treinta por ciento de lo que fue. Se alegró de no haber olvidado sus prismáticos, y más aún porque pudo reconocer al detalle todas las partes de la escena.

Sin el previo estudio pormenorizado que había hecho, le habría costado reconocer la mutilación de los detalles que allí se desarrollaban. No obstante, en un principio, con los prismáticos pegados a los ojos, no fue capaz de apreciar las cabezas de Filipo y de su caballo en escorzo.

Entonces oyó la voz chillona de una mujer que venía desde arriba de la escalera. Pudo entender que los gritos iban dirigidos a él por creer que estaba haciendo fotografías. Cuando se volvió, aquella joven histérica, que no estaba dispuesta a bajar ni uno solo del medio centenar de peldaños para resolver el asunto, se pudo percatar de su error, no era una cámara fotográfica, y se llimitó a decir *sorry*.

—¡Por Zeus! ¡Qué vista tiene la niña! —dijo Horacio en voz baja, mientras miraba el escorzo de aquella defensora del arte con el compás de sus pantalones plantada en todo lo alto.

Se fijó en que la iluminación de la portada era un poco discreta, ni escasa ni débil. Luego estuvo unos quince minutos mirando todos y cada uno de los detalles del mural. La escena estaba formada por una jauría de perros acosando a un ciervo, a un jabalí y a un león sin melena —otras cuatro piezas ya habían sido abatidas—. Tres caballos levantaban sus patas delanteras mientras los sostenían con las riendas sendos jinetes que mantenían sus lanzas en ristre. Las actitudes y el movimiento de los caballeros y de siete figurantes de a pie se concentraban en la caza. Observó que, a diferencia de los demás, dos personajes iban vestidos. Él los identificó como Alejandro y Filipo. Las calidades anatómicas del dibujo y sus escorzos eran magistrales.

Dejó de mirar cuando ya se le hacían nubes de vapor en los ojos. Entonces, pensando en cómo pintaría Apeles, se dijo que más tarde meditaría sobre lo que había visto. Luego se dio media vuelta y subió las escaleras en busca del *Rapto de Perséfone por Plutón* que, por conservarse más entero, era su objetivo principal.

Había vuelto a las penumbras museísticas, a la zona de las vitrinas con luz, y se fue guiando hacia el lado izquierdo. Allí se abría un espacio bien iluminado. En la zona central, más baja y cerrada al acceso público, se diseminaban unos recintos cúbicos cerrados de piedra. Una especie de pasarelas, soladas con tarima, daban vuelta a la zona arqueológica central mostrando más objetos en exposición.

Entonces, en la pared central del fondo, Horacio pudo ver enmarcada la escena que buscaba. Cuando llegó allí pudo observar que se trataba de una enorme reproducción del anhelado fresco, en papel y, posiblemente, de tamaño natural. Era un montaje bien reproducido, como fotocopiado en color, enmarcado con un filete de madera y cubierto por un fino metacrilato a modo de cristal. De pronto, una baga sospecha le inundó el ánimo y se puso a buscar el fresco original por todos lados, angustiosamente, metódicamente. Pero fue en vano.

De su recuerdo pendía lo que tenía escrito sobre el tema: «Si se estudia el fresco del *Rapto de Perséfone*» del túmulo de Filipo, se estará de acuerdo con las características que se le han atribuido al pintor Apeles: una facilidad y una gracia comparables a las de

Rafael y Leonardo». Por otro lado, tomando la referencia de los retratados en la escena de caza, la condición del Apeles retratista era evidente, quien era de suponer que había retratado a Alejandro Magno y a sus diádocos (*diadokhos*: sucesores).

Esa influencia en el retrato debió de extenderse más tarde, sobre todo a Egipto, cuando se instituyó en una costumbre y en el rito de enterrar a la momia del muerto con su retrato pintado en el exterior del sarcófago. Estos retratos funerarios, de diferentes fechas, procedentes de tumbas aparecidas en el oasis de Fayum, no sólo son importantes por la calidad que se observa en algunos, sino porque el alma del retratado parecía transmitirse desde su mirada. Unos ojos que fueron adoptados por la iconografía cristiana y que se constituyó en un amaneramiento de siglos. Hasta los ojos románicos de occidente y los iconos modernos del oriente llegó esa fórmula ocular, repitiéndose mecánicamente hasta la saciedad.

En su deambular por las penumbras se encontró con Zahari y le preguntó por el *Rapto*. También había visto la reproducción. Allí cerca estaba la guardiana del arte que le había gritado y Horacio, riéndose, le pidió a su compañero turista:

—Zacarías, tú que eres más joven y dominas el inglés, pregúntale dónde está.

Ella se limitó a decir que el original estaba en uno de los túmulos cerrados de la parte baja y que estaba vetado al público. De nada valió preguntar a otra vigilante más simpática. Tampoco consiguieron nada con el hombre grueso que estaba a la entrada. Aunque parecía lo más cercano a un mandamás, sólo era un celador al que ningún argumento le haría modificar lo establecido. Zahari había argumentado que Horacio era un profesor español que había hecho el viaje sólo para investigar esa pintura, y preguntó que con quién se podría hablar para conseguir un permiso especial. Pero era domingo, y ese fue el punto fatídico que cerró toda posibilidad. Ningún responsable que pudiese dar un permiso estaba allí.

—Puede que lo consigas si vuelves mañana —le animó Zahari.

Poco podía hacerse frente a una barrera arqueológica.

EL ESLABÓN PERDIDO DE LA PINTURA

El joven búlgaro se encogió de hombros y se echó a reír. Ya estaban en la tienda del museo. Allí no pudo encontrar nada que ofreciese buenas reproducciones de los murales o de sus detalles. Buscó también el grueso libro del arqueólogo Manolis Andronikos del que había extraído fotocopias en color. Al menos había tenido la suerte de encontrarse en Madrid con una compañera de estudios de Bellas Artes y se lo había prestado. Hablando con ella de su proyecto, le dijo que ella había hecho ese viaje y comprado el libro allí. Pero Horacio sólo pudo adquirir una guía del yacimiento, en francés, donde venía todo el oro y cuatro malas fotos de una parte de los murales. Lo buscaría en la tienda del Museo Arqueológico Nacional o en alguna librería.

—Estos son documentos para el recuerdo, no para el estudio —le dijo Horacio a Zahari, mientras pensaba que se le había olvidado coger algún vestigio arqueológico para su colección de cajitas.

Antes de despedirse, un turista aceptó hacerles fotos mutuas de los cuatro en grupo para el recuerdo. Ellos se volvían a Sofía y comerían por el camino. Horacio había pensado invitarles a tomar algo antes de separarse, pero también él terminó comiendo por el camino.

Aprovechó una parada para cargar gasolina y comprar un bocadillo de treinta centímetros de largo que tenía de todo, incluso una especie de mayonesa difícil de sujetar dentro del pan. Le gustaba conducir comiendo y bebiendo. Así, y con paciencia, se pasaría el tiempo del largo regreso a la metrópolis ateniense.

Como siempre, aparte de escuchar la radio del coche, los viajes largos le daban tiempo para pensar. Fue escuchando una emisora de música clásica en la que no faltaban canciones populares griegas entremezcladas. Esa música de fondo resultó ser una buena compañera para sus meditaciones. Aunque la frustración que había sufrido fuera el agobio principal, no tardó en buscar un aliciente nuevo para el día que se avecinaba en Atenas.

—No volveré a Vergina —se dijo en voz alta—, me serviré de la escena de caza como base de mi teoría, sin renunciar a las conclusiones que he podido extraer de las buenas reproducciones del *Rapto de Perséfone*.

Al día siguiente bajó a desayunar al salón-comedor del hotel y se sentó a una mesa para dos. Se sirvió a base de bien para resarcirse de lo poco que había comido el día anterior mientras conducía. Cuando dio cumplida cuenta del alimento sólido que se había servido, tomó un segundo café sin prisas y con menos leche.

A su frente se extendía el avituallamiento central. Como en la *spina* de un circo romano, los comensales daban vueltas para elegir. Miró en esa dirección y vio, de espaldas, a una rubia despampanante a la que recorrió con su mirada de arriba abajo. Su pelo era largo y liso, casi platino, en el que se anudaba un pequeño lazo negro cerca de la nuca, dando a la cabellera una lustrosa terminación en cola de caballo. Cuando sus ojos llegaron a los pies, advirtió cómo éstos se expresaban mientras elegía; hablaban de su indecisión para tomar huevos a la plancha o revueltos.

Horacio volvió a lo que tenía entre manos: la taza de café a medias, dispuesta a que diera el último sorbo. Pensó en Martina y en lo bueno que hubiera sido que estuviera allí. Justo en ese momento, la rubia ya había dado la vuelta al extremo del bufé. Él tenía la curiosidad de ver su cara, y cuando levantó la cabeza, Horacio pudo ver unos ojos agrios repintados con exceso de negro. El rimel destacaba sobre una cara poco agraciada a pesar de la capa de maquillaje.

Se levantó para ir a su habitación, la 620, no sin dejar antes sobre la mesa dos euros para la camarera que le había servido las dos tazas de café.

En el ascensor, mientras subía al sexto piso, pensó en que, antes de salir para el Museo Arqueológico Nacional, tendría tiempo para escribir sobre la jornada en Vergina. Sólo eran las ocho y media de la mañana y su estómago estaba satisfecho.

Se sentó a la mesa de cuatro estrellitas de su habitación, en la que apenas si cabía una carpeta —con dos folios y dos sobres, los que siempre se ofrecen los hoteles por si alguien quiere escribir la carta que nunca escribió—, un cenicero y el aparato de televisión, que ocupaba la mitad izquierda del espacio. Por debajo quedaba un hueco para introducir las piernas bajo la mesa; a la izquierda colgaban tres cajones en vertical que llamaron su atención. Abrió el primero y allí reposaba lo que parecía ser un elenco trilingüe de la Biblia: «Das neue testament», «Le nouveau testament» y «The new testament». Abrió el libro y buscó, en francés, el origen de la editora: Asociation Internacionale des Gédéons. Se fue al apéndice de las páginas en francés, el que mejor sabía traducir, y leyó: «Lecturas propuestas, principios de la vida espiritual». Era una edición de pasajes seleccionados del Nuevo Testamento. Soltó aquel tomo para que aterrizase a su suerte en el fondo del cajón. Luego, recordando parte del sueño que había tenido esa noche, se dijo: «Algo de mentira tenía ese sueño, la persona que me acompañaba había muerto quince años atrás. ¿O tal vez no era la misma sino que yo la había confundido por su parecido y por sus maneras de fumar en pipa...?».

XII

¿Cómo se fue modificando, generación tras generación, la cultura y hasta los genes de la Grecia clásica? Intentando comprender la metamorfosis de la Grecia actual, Horacio se había preguntado cuáles fueron los factores que disolvieron la extraordinaria cultura generada por Grecia. Él hacía responsable de ese desastre a los católicos, a la grosería bárbara y, en menor medida, a la influencia suntuosa que fluía continuamente desde el oriente próximo.

Tras los muchos siglos transcurridos, se esforzaba en suponer los mestizajes que habría sufrido la población griega: ¿Qué metamorfosis se fraguó hasta llegar a la Grecia de hoy?

Recordaba la idea tan ingenua que tenía cuando estuvo allí por primera vez. Entonces se había imaginado a unas gentes que, de alguna manera, conservarían el talante griego antiguo o que, incluso, su aspecto físico mantendría algunos rasgos de la escultura clásica. Así que buscó entre los transeúntes los rasgos que él entendía como típicamente griegos pero, en contraposición, le fue más sencillo distinguir aquellos que denotaban orígenes turcos o árabes.

Antes de hacer ese primer viaje, había oído decir que los griegos eran muy parecidos a los españoles, pero después de aquella estancia de diez días, quedó convencido de que esa hipótesis estaba equivocada.

En cuanto a las cadencias tímbricas del castellano y del griego, le parecieron muy similares. Oyéndoles hablar apreciaba similitudes en el acento y en la musicalidad. Si oía una conversación próxima, ponía toda su atención en encontrar alguna palabra entendible. Alguna vez se llevó un chasco si, de golpe, entendía todo, y es que había muchos españoles hablando entre sí por las zonas turísticas de Atenas. Ahora, quince años después de aquel primer viaje, pudo observar las mismas composiciones étnicas de entonces, aunque con algún añadido: había una población africana ocupando las aceras cercanas a la plaza Omonia vendiendo con sus tenderetes por el suelo. Respecto a la religión, era fácil observar que seguía predominando la ortodoxa.

Eran las diez cuando bajó a la calle. Un joven africano, de piel muy oscura, le abordó en la puerta del hotel para ofrecerle por dos euros un paraguas plegable. Eligió uno y salió para cruzar la plaza. Levantó entonces los ojos para preguntarle al cielo si estaría chispeando todo el día.

Con el paraguas en una mano y un plano de Atenas en la otra, tardó poco en toparse con la fachada del Museo Arqueológico Nacional. La entrada era libre y no quiso saber la causa. Dejó el paraguas en consigna, retiró el tique y buscó algún folleto informativo. En un mostrador vacío de personal y de folletos se exhibía un cartel que daba alguna razón acerca de la ausencia de personal, y al lado, un bloc abierto para recibir las quejas por escrito de los visitantes. Aprovechó la ocasión para arrancar tres hojas y escribir comentarios sobre lo que había venido a ver —sobre todo, los murales procedentes de Thera—, luego se dio media vuelta para buscar algún plano del museo expuesto al público en alguna pared. Lo encontró y le sirvió para decidir el recorrido que más le interesaba.

Frente al *hall* de la entrada se abrían las colecciones micénica, neolítica y cicládica, y entrando por la puerta de la izquierda, se iniciaba el recorrido por la escultura griega —dando vuelta al cuerpo central de la planta baja del edificio—, para terminar saliendo por la puerta de la derecha del *hall*. En este recorrido cronológico se encontraría la escultura griega arcaica, clásica y helenística. Luego, mirando la distribución de la primera planta, encontraría lo que más le interesaba en este momento: la sala donde se exponían las pinturas murales de Thera. Habría que subir una gran escalinata en el centro y al fondo del edificio, y allí podría encontrar de frente a los niños boxeadores. Pensó que, de paso, cuando subiese, daría una vuelta por las salas donde se exponía la cerámica de las diferentes épocas griegas. Éstas, al igual que la escultura en la planta baja, iniciaban un recorrido igualmente cronológico entrando por la puerta de la izquierda y saliendo por la de la derecha.

Con la idea clara de los recorridos que le interesaba hacer, comenzó la visita entrando por la izquierda de la planta baja para hacer el recorrido escultórico, empezando por la época arcaica y terminando con una estatua del siglo I antes de Cristo.

No tardó demasiado en contemplar todo el proceso evolutivo, sólo se paró un tiempo ante el imponente bronce del Poseidón. Lo estuvo mirando con deleite, rodeándolo para verlo desde distintos puntos de vista. Sacó también los prismáticos para ver si se apreciaba algún resto de pintura en el interior de sus ojos.

Se paró otro tanto en el bronce del famoso caballo montado por el niño jinete. De su primera visita recordaba que caballo y jinete se consideraban piezas que no formaban grupo. Ahora se había rectificado esa información en sentido contrario.

Aún le dedicó más tiempo a la estatua de una dama en bronce cuyos ropajes, con el ritmo de sus pliegues, acentuaban el suave movimiento de su figura y le cubrían todo el cuerpo excepto las manos y la cara. Su exposición era reciente y se acompañaba de una documentación fotográfica desde su encuentro submarino a su restauración. Terminó el recorrido con el retrato de un hombre calvo injertado sobre un desnudo que, en su actitud y movimiento, era similar al *Diadúmeno* de Policleto. Se preguntó si era una escultura ecléctica o la cabeza estana reutilizada.

Desde el *hall* en que se volvía a encontrar, entró en las salas que conducían a la gran escalinata. Ya dentro, lo primero que le llamó la atención fue el remolino de turistas que se formaba en torno a los restos de oro arqueológico: la máscara de Agamenón y las tazas de Vaphio. También pudo ver una colección de camafeos y en una de las vitrinas, para su interés, pudo contemplar sin agobios fragmentos de frescos pintados de vivaces colores y de ojos frontalizados en unas caras de perfil, pero no se demoró mucho en llegar a la escalinata y subirla hasta encontrarse frente a la sala dedicada a los frescos de Thera.

Al fondo de la sala, a la izquierda, pudo ver la zona donde se exponían los murales que estaba buscando. Las pinturas confirmaban un punto de su teoría, que el arte cretense elaboró la primera pintura con un alma propiamente occidental. Entre 1550 y 1370 antes de Cristo, los pintores ya mostraban una desinhibición propia del ser libre. Con un paisaje de lirios y la pareja de antílopes que estaban allí expuestos, tenía el respaldo de una descripción utilizada en su tesis, que los temas, además de emanar de la naturaleza, también muestran un lúdico proceso de estilización, que se recrean escenas de la vida vegetal o animal, donde azules y rojos violentos pueden contrastar con rosas o verdes tiernos, lo que hoy se define como «la pintura por la pintura», el color como expresión independiente de la forma y del tema. Un fenómeno decididamente occidental.

Por fin se halló frente a la escena del pugilato infantil que tanto deseaba ver. Pensó en lo magnífica que era, aun a pesar de las partes mal reconstruidas que puedo apreciar. Mirando el tema, volvió a recordar una parte de lo que tenía escrito para su tesis: «Una de las sorpresas de estas pinturas es la falta de cuadros heroicos, como los que en Egipto representaban a un faraón triunfante. La pintura bulle en los frescos con una vida placentera (incluso donde el tema es religioso), los personajes gozan de una libertad de ademán que no se encuentra en ningún otro sitio de esa época. Las fórmulas de frontalidad egipcia aquí aparecen sin aquella rigidez. En las pinturas de mujeres, éstas se cimbrean y gesticulan a capricho. Ese espíritu vivencial de la naturaleza es otro fundamento determinante para lo occidental».

En efecto, allí estaban los púgiles muchachos de airosa silueta y en ellos centró toda su atención. Sus ojos vivaces estaban pintados de frente en una cara de perfil y sus cuerpos se cimbreaban con la gracia de su movimiento boxístico. Observó que en el niño de la izquierda se mantenía buena parte de la pintura original. no así en el de la derecha. En cualquier caso, de los muslos de ambos apenas si quedaba algún fragmento. Aunque la restauración se había hecho adecuadamente, distinguiendo entre lo original y lo inventado, los pies restaurados estaban dibujados con inferior conocimiento anatómico que los dos originales que se veían enteros.

Se apartó hacia la derecha donde estaban las dos gacelas, también muy recompuestas y con los mismos defectos anatómicos de dibujo en la restauración de las articulaciones de las patas. Le pareció especialmente relevante el giro de la cabeza de la primera gacela, que parecía volverse para mirar a la que estaba detrás. Pensó en el largo tiempo que pasaría para volver a ver pintado un animal con tanta gracia, y pensó también que haber hecho esta visita justificaba no tener que volver a Vergina.

Aún le quedaba otra sorpresa, un descubrimiento que vería en la cerámica blanca, de la que no recordaba haber visto lo que ahora percibía, o aquello que le pasó desapercibido cuando estuvo allí por primera vez. Quince años atrás no miraría con los ojos de ahora, porque entonces no perseguía el objetivo que ahora guiaba su mirar.

Cuando dejó las pinturas de Thera, que estaban en el frontal de la escalinata, continuó su recorrido por la puerta que estaba a la izquierda de la escalera, donde la cerámica griega iniciaba su circuito cronológico hasta terminar por la puerta opuesta.

Miró su reloj para caer en la cuenta de que no había corrido mucho, sólo eran las doce y media. Tomó entonces asiento en un banco lateral de la primera sala, la que iniciaba el periodo geométrico. Quería repasar lo visto y reposar mientras veía pasar de largo a la gente. No se paraba nadie a mirar las vitrinas, según iban andando, miraban a izquierda y derecha sin aflojar el paso. Horacio pensó que venían forzados a ver más cosas de las que eran capaces de digerir, pero tenían que decir que habían visto el museo de arriba abajo.

Tampoco él se detuvo demasiado cuando reinició la visita, pero ahora que sabía del tiempo disponible, se detuvo a mirar las grandes vasijas de ornamentación geométrica y las figuras esquemáticas. En su recorrido pasó por las distintas épocas de la cerámica, desde las figuras negras con fondo rojizo a las rojas con fondo negro. Tampoco les dedicó excesivo detenimiento, sólo se paraba especialmente en algunas piezas para confirmar cómo se iba perfeccionando el dibujo según pasaban los años con las salas. Al tiempo que andaba, recordaba detalles que venían al caso o anotaciones de su carpeta: «Es tan grande el número de vasos hallados entre los siglos VI al IV que cualquier fragmento de cerámica podría fecharse con una aproximación de veinte años. Pero lo cierto era que sólo buscaba dibujos de una calidad que pudiese coincidir con el siglo de Pericles y Fidias, y se dijo que a mediados del siglo V fue cuando los artistas de primera fila dejaron de pintar en los vasos griegos. Si hay alguna pieza de excepcional belleza estética, ésta debe coincidir con esas fechas.

En fin, estaba en el siglo V y le faltaba por ver la cerámica blanca. En los lékitos blancos se dibujaban temas sobre la muerte, coincidiendo esta costumbre con una etapa de la pintura madura y plena.

En la cerámica de figuras rojas del siglo V pudo llegar a ver cómo la frontalidad de los ojos, de los miembros y de los cuerpos ya había sido superada. Pero cuando llegó a la sala de la cerámica blanca, el dominio del movimiento y de los escorzos ya era una evidencia luminosa. Se preguntó cómo era que no recordaba haber estado allí. En algunos lékitos, el dibujo era magistral, y esto, junto con la aplicación de colores diversos, convenció a Horacio de aquello de que los grandes maestros de la pintura del siglo V intervinieron en la decoración cerámica. Los lékitos más geniales estaban datados hacia el 410 antes de Cristo.

Se acuclilló frente a una vitrina que ascendía y mostraba cerámicas blancas desde el suelo. «Cuando la maestría y la sensibilidad se unen, da igual el tamaño en que se pinte, el género humano brilla desde una dimensión plena y luminosa».

Luego se puso de pie y se fue con su emoción a recorrer el resto de las salas de cerámica, en las que seguía predominando la decoración en ánforas y cráteras. Lo que seguía en el tiempo coincidía con lo que él tenía estudiado y analizado: la cerámica, después del siglo quinto se abandonó a un academicismo pintado por segundones. De los siglos cuarto al tres antes de Cristo no encontró ninguna cerámica que mostrase la calidad de un gran maestro.

Había dado la vuelta completa y desembocó en la puerta frente a la que había iniciado el recorrido cerámico, pero no bajó la escalera sino que volvió a entrar por la puerta de la izquierda con el pretexto de dar un repaso visual a todo lo que había visto. Lo cierto era que había sentido la necesidad de volver a estar frente a los *lékitos* más apasionantes. Cuando volvió a salir, tras la vuelta de repaso, bajó la escalera para tomar algo en la cafetería y, de paso, buscar el libro de Manolis Andronikos en la tienda del museo. Siguiendo los indicadores, bajó hasta un patio porticado de columnas donde se suponía que estaban esos servicios museísticos. La decepción volvió a cebarse en él, un vigilante con un mostacho blanco y cara de pocos amigos le dijo que estaban en obras, lo cual fue fácil de comprobar.

En este viaje, a cada decepción le solía suceder una sorpresa. En el patio porticado había algunas esculturas que podrían confundirse con obras modernas. Fueron clásicas, pero debieron de estar mucho tiempo sumergidas bajo las aguas —medio cuerpo—, porque habían sufrido una brutal erosión en la mitad inferior de la piedra. Especialmente moderno era un caballo, puesto que de medio cuerpo para abajo —dividido horizontalmente por la erosión que había sufrido en la zona media baja— era irreconocible. Había perdido mucho volumen y esos amorfos restos parecían haber sido trabajados por un escultor de abstracciones orgánicas. Se dijo que parecía la materialización de una lección teórica sobre la convivencia entre realismo y abstracción, o entre el instinto y la razón. Pensó también que una obra así, que hacía a pelo y a pluma, tendría éxito en las ferias de arte contemporáneo; y con razón.

Estuvo sentado un buen rato en aquel patio antes de reiniciar la marcha. Aún no sentía ninguna necesidad de alimentarse, aunque allí también estaba en obras lo de dar de comer al hambriento y, por otro lado, del abundante desayuno mantenía alguna reserva. De cualquier modo, aunque ya eran más de las dos, todavía le quedaban ánimos para darse otra vuelta con más detenimiento por el circuito escultórico. También le quedaba por ver la colección de pequeños bronces, cuyas salas estaban en la parte trasera del edificio de la planta baja, la que no visitó en la primera vuelta.

Hizo un recorrido pausado, pasando de ligero por las esculturas que consideraba sin interés y parándose de nuevo en las esculturas de bronce, como los *Efebos de Antikythera* —entre Lisipo y el canon de Policleto— y el de Maratón —de dudosa atribución a Praxíteles—. Pensó en la escasez de originales griegos que han llegado hasta nuestros días y en las muchas copias romanas que han perdurado, gracias a las cuales se ha podido conocer la dimensión escultórica griega. En el *Poseidón*, en el caballo con el jinete niño, en la dama cubierta de amplios ropajes y en los dos efebos, Horacio pudo percibir el halo especial que se desprende de las obras clásicas originales.

No le pasaron desapercibidos los muchos relieves ni los magníficos retratos que formaban parte de la inigualable colección del museo, desde el *Boxeador* de bronce hasta el *Antinoo* de mármol. Cuando pasó a las salas de la colección de pequeños bronces ya estaba saturado, pero aún le sobraba tiempo para emplearlo en lo que quisiera. Objetos, artilugios y figuritas y más figuritas de bronce, terreno bien abonado donde estudiar arqueología a granel. En cinco salas dedicadas a la colección de bronces podía haber cerca de mil piezas de donde sacar historia.

Cuando salía buscando ya la salida, se decía sobre los bronces a granel que la calidad no era para que temblaran las piernas, ya que la mayoría eran cosa de artesanos mediocres: un cabezón, una mala copia en miniatura del *Poseidón*...

En fin habían dado las tres y media y aún no había comido nada. Por lo demás, ya había escampado cuando salió a la portada principal del museo. Recordó entonces que cuando subió las escalinatas bajo el paraguas, había visto de reojo unas esculturas de bronce reluciente y verde por zonas, malas de solemnidad. Pero ahora, mirándolas detenidamente, se quedó atónito ante esas figuraciones contemporáneas que pretendían volar. Eran cinco o seis a cada cual peor. Aunque los cuerpos querían ser naturalistas, el resultado anatómico era un bodrio. Se preguntó indignado si el hecho de ponerlas ahí era la tarjeta de representación del arte griego actual.

Del señor con bigote al que había preguntado en el patio había entendido que a la salida del museo encontraría una librería. Ahora se hallaba ante un quisco puesto en la acera de la calle y se limitó a comprar un librito del museo en español que podría regalárselo a Martina y unos sellos griegos para Hipólito, uno de los pocos amigos verdaderos que tenía en Toledo. Se negó a perder el tiempo preguntando por librerías en las que poder encontrar el libro de Manolis Andronikos, prefería darse un paseo hasta la Acrópolis y comer algo por el camino. Pensó que ya cenaría debidamente a la vuelta, a ser posible, musaca.

XIII

Le quedaba una tarde para reencontrarse con la Grecia de Pericles. No sabía cuándo dispondría de otra ocasión para, después de dos mil quinientos años, pisar el mismo suelo que Fidias.

Sólo quería penetrar por los Propileos, mirar los rostros de las cariátides del Erecteion y dar una vuelta completa al Partenón; fotografiar detalles y mirar las vacías metopas con los prismáticos por ver los pocos restos que aún quedaran de algún caballo o algún semidiós. No esperaba encontrar al más idealizado de los templos griegos rodeado de andamios metálicos, de trócolas y cables que trazaban líneas sobre el cielo, como un fondo sin ángel, en fin, un Partenón patéticamente ortopédico.

En su itinerario tenía que cruzar la plaza Omonia, por lo que, de paso, dejó en el hotel parte del lastre: una bolsa de plástico con las compras que había hecho y el paraguas. La pequeña bolsa de lona con los prismáticos y la cámara seguiría colgada de su lugar natural. Desde Omonia recorrió toda la calle Atenas hasta llegar al barrio de Plaka, luego rodeó la Acrópolis por la falda de la colina hasta encontrar el camino que ascendía a la entrada, a los Propileos. Esta edificación —tal vez la primera pinacoteca de la Historia—, al igual que el Partenón estaba en restauración. Desde la parte más baja de la escalinata de entrada a la Acrópolis, la red de andamios, que forraba literalmente a los Propileos, acuchillaba el azul pálido de la tarde.

Deambuló por la Acrópolis y su museo, donde pudo cerciorarse de los restos de pintura que aún se mantenían en muchas de las esculturas expuestas. Recordaba lo que había escrito para su tesis en una de las fichas: «Imaginarse la policromía que se desarrolló en Grecia es fundamental e imprescindible. Todos los relieves y esculturas de bulto redondo fueron pintados en todas las épocas, aunque raramente se hallan mantenido restos de color. La razón de esa pérdida: los aglutinantes y los pigmentos que, por incompatibilidad, no se integrarían para siempre en las superficies de la piedra y del bronce. Cuando a finales del siglo XIX reaparecieron las célebres *Panateneas* de la Acrópolis, algunas mujeres conservaban parte de los colores: no sólo los cabellos, los ojos y los labios estaban pintados, también los bordados, y algunos accesorios del traje sólo estaban marcados por la pintura; incluso las carnes recibían un tratamiento especial a base de cera clara».

Cuando Horacio salió de la Acrópolis, el azul ya había cambiado de carácter. Para su memoria, él se llevaba un par de metopas y la cabeza de un caballo saliéndose por el ángulo del frontón oriental. Las fotografías que había hecho serían como un recuerdo de lo que el paso del tiempo había desfigurado. Su pensamiento añoró todo lo que había volado de allí: «Para ver el Partenón es necesario viajar a Londres. Un inglés se llevó los más bellos recuerdos en mármol del Pentélico para terminar vendiéndoselos al British Museum». En ese momento no recordaba el nombre de Elgin. Embajador de Constantinopla, en 1910 fue autorizado por el gobierno turco para llevarse como recuerdo algún trozo de mármol o alguna inscripción antigua, permiso que aprovechó para arrancar metopas y frontones, un saqueo organizado de lo más preciado del Partenón que allí había sobrevivido para nuestra civilización.

Al salir de la Acrópolis, Horacio volvió sus ojos nostálgicos y sintió como si esa fuera la última vez que estaría allí. Ya bajando por un tramo de calzada, se encontró con un extraño perro que le pareció un descendiente de uno de los que aparecen en el mural de caza de Vergina.

Bajaba por el mismo camino por donde había subido, hasta que se desvió para entrar por una reja abierta en la zona donde estuvieron el ágora griega y la romana. Lo primero con que se encontró fue con una pequeñísima iglesia bizantina rodeada de arqueología griega tirada por los suelos. No la recordaba. «Aquí estaría cuando vine con Emérita —se dijo—. Es posible que lleve sólo seis siglos plantada en el mismo sitio». Ingresó en el pequeño recinto para ver los restos de pintura icónica que aún se mantenían en la pared y los capiteles reutilizados. Con esa pintura se le perdían las identificaciones. Tenían una particularidad, que su memoria fotográfica era incapaz de distinguir entre la mucha iconografía que había visto a lo largo de su vida; le resultaban tan anodinas y parecidas entre sí.

Estaba atardeciendo y Horacio se sentó en una piedra que, a modo de banco, estaba a la salida de la iglesita. Quería descansar mientras con un plano de Atenas en la mano decidía qué hacer y a dónde ir. Pero le duró poco la sentada, otro hombre con mostacho y mala cara le habló en un griego elevado de tono a la vez que le hacía señas para que se levantara. Se levantó de inmediato y el hombre, insistentemente, le indicaba con el dedo que mirara a un lado de la piedra. Ésta mostraba un chaflán propio de ménsula o zapata que, labrada hacia el suelo, tenía una cruz bizantina imposible de ver sin agacharse.

—¡Es cristiana! —se limitó a decir Horacio en tono de mofa—. Escussi —dijo también sin saber por qué se expresaba en un italiano circunstancial.

Dicho esto, sin atender a más, se sentó en un poyete de ladrillo que había al lado para seguir con lo suyo. Cuando se había dirigido a la entrada, había visto a una pareja sentada allí y al cabezón bigotudo, quien sobre esa sagrada piedra encendía una velita de incienso clavada en una lamparilla mugrosa.

Bien sentado, mientras miraba el plano, se dijo para sí: «Guardacoches de iglesia». Estaba realmente cansado, la luz había perdido su autoridad y él tenía la necesidad de visitar un urinario griego. Muy cerca estaba la gran estoa romana de Atalo, de ciento dieciséis metros de larga y veinte de ancha. Allí recordaba haber visto un museo. Cuando llegó, entró entre las primeras de las cuarenta y cinco columnas de su alargado pórtico. Pasó por la primera puerta de las que se sucedían en el largo muro y preguntó por el aseo, que resultó estar al final, en el extremo opuesto.

Aún le quedaban cuerda y ánimos para echarle un vistazo a la ristra de salas que tenía el museo. Entraba por una puerta y sin pararse apenas salía al pórtico por la siguiente; y así, mientras ojeaba las vitrinas sala a sala, entrando y saliendo, fue acercándose a la puerta que daba acceso a los aseos. Entre la necesidad de evacuar y lo anodino de lo expuesto, la visita fue vista y no vista.

Luego tuvo que volver sobre sus pasos por la estoa y al salir por la reja que había entrado, se encontró en la calle. Siguió por los callejones de las primeras casas y se encontró con dos timadores chapuceros a los que eludió elevando el tono de su voz. Cuando rechazó a un camarero que le ofrecía una mesa de su restaurante, pudo advertir que ya se encontraba en el barrio de Plaka. Allí, sin más, compró para Martina un anillo de plata con dos delfines casi besándose. Lo había visto en el escaparate de una tienda donde un comerciante, mientras que con la mano le invitaba a entrar, le preguntó si era español. Apenas si había regateado el precio cuando salió de la tienda con un estuche en el bolsillo.

Eran las siete y media y se encontraba plenamente satisfecho de cómo había transcurrido el día. Paseó tranquilamente en dirección a la plaza Omonia y se acercó a una zona de restaurantes que le habían recomendado en la recepción del hotel. En el trayecto se volvió a topar con otra pequeña iglesia bizantina, tan de juguete como la que había visto en el ágora. Estaba cerrada, pero en su exterior pudo observar cómo en las cuatro fachadas se había reutilizado el arte antiguo sin contemplaciones: cornisas, relieves y todo tipo de ornamentos improvisados se repartían por los muros. Se fijó incluso en algún relieve del que no sabía decir si era griego o de época romana. También se había tallado una cruz rehundiendo el fondo grotescamente. Volvió su mente para revolotear sobre la Acrópolis e imaginarse cómo estaría el Erecteion cuando se reutilizó como iglesia dedicada a la Virgen María, o recordando todo lo que había pasado el Partenón, una de las más lúcidas expresiones del equilibrio humano: primero iglesia, después mezquita y entre medias polvorín.

Gracias al plano por el que se guiaba pudo identificar de qué templo se trataba. Pegada al lado de la catedral ortodoxa ateniense, estaba la Agios Éleftherios (la iglesia de San Eleuterio). Como recuerdo curioso hizo varias fotografías de algunos de los relieves reutilizados.

Luego siguió su camino cruzando la plaza Monasteraki y encontró la calle Miauli, marcada en el plano; al final de ésta, en la marquesina de una pequeña plaza, tomó aposento en una mesa para tomarse una cerveza griega y cenar: una ensalada con queso griego y una musaca acompañada de un vino, también griego, por supuesto, aunque tenía algo de manchego y nada de resina. Todo le resultó muy agradable. Incluso pudo hablar en español con el camarero, una necesidad que estaba echando de menos.

Cuando se tumbó en la cama de su habitación, después de haber buceado cinco minutos bajo la ducha, eran las diez y media. Puso su despertador a las cinco e intentó dormirse a base de televisión. Tardó algo, pero al final, aquel aparato con forma de cajón cumplió con la función encomendada.

El vuelo a Madrid salía a las nueve y cinco, pero para llegar al aeropuerto de Venizelos, Horacio hizo las mismas previsiones que cuando llegó al de Barajas: dos horas antes para tomar la carta de embarque con tranquilidad. Eso suponía que para tener un colchón de seguridad debía salir del aparcamiento donde dormía el coche a las cinco y media. Tardó poco en lavarse, peinarse sin hablar con el espejo, hacer las maletas y dar un repaso de habitación para no olvidar nada. Cuando salió a la calle eran las cinco y media. Una vez que llegó a la autovía tomó la dirección Metamorfosis-Venizelos-Markopoulo, y cuando llegó al aparcamiento de coches alquilados del aeropuerto faltaba poco para que diesen las siete. Le daba tiempo para desayunar con tranquilidad y para todo lo que deseara. Incluso compró *El País* del día anterior, el único en español que se vendía en una librería, donde también intentó con insistencia pero sin resultado el deseado libro sobre Vergina de Manolis Andronikos.

Cuando Horacio volvió a poner los pies en Barajas eran casi las doce. Le había ganado una hora al destino. Para considerar que la aventura de Vergina había terminado definitivamente, tuvo que aterrizar en Toledo a la hora de comer. Lo que le habían dado en el avión había sido una broma de mal gusto.

La tarde del martes transcurrió sin oficio alguno, la dedicó a una buena siesta y luego a no hacer nada. Le vino bien. Ya por la noche llamó a Martina y se citó con ella para verse el miércoles a la caída de la tarde.

—Ya te contaré las alegrías y tristezas de este viaje —le anticipó.

El reencuentro fue más efusivo que de costumbre. Se dieron un beso muy cariñoso y se miraron riéndose desde la boca a los ojos. Como siempre, se sentaron a charlar en una cafetería, en el rincón más tranquilo que pudieron encontrar. Horacio se explayó relatando los acontecimientos de su viaje con deleite mientras Martina le escuchaba con atención. En un momento de la conversación, él sacó el estuche del anillo y se lo entregó. Ella articuló un gesto sonriente que no llegó a ser de sorpresa, y cuando abrió la cajita, Horacio se anticipó a lo que ella pudiera decir.

—No es un anillo de pedida —dijo riendo—. Me gustó mucho el diseño y pensé que como recuerdo sería un bonito regalo. Sólo es una baratija de plata.

—Déjate —dijo ella mientras que se lo acoplaba en el anular—. Es una sortija muy bonita. Gracias por acordarte de mí —le puso la mano sobre la de él.

Con la otra tocó el anillo para centrarlo mejor y que los delfines mostraran sus cabezas.

—Veo que te está un poco ancho, pero eso tiene arreglo —dijo Horacio cogiendo el dedo para extraerle la sortija de su fino dedo—. Mira, se puede presionar así para cerrarlo un poco —dijo mientras le mostraba la operación—. Ves, ahora seguro que ya te encaja bien. Podría decirse que se están besando —terminó diciendo.

Martina, sin frenar su ataque de risa, no dejó de mirar a los ojos de Horacio.

Luego siguieron hablando durante una hora, hasta que él casi había agotado todo lo referente a lo sucedido en Vergina y Atenas. Hasta le contó lo de dos timadores que le abordaron cuando bajó de la Acrópolis.

—¡Vaya dos! Un supuesto turista que tenía pinta de no haber pisado nunca el suelo de un museo me preguntó. Luego, saliendo de la nada, llegó un imaginario policía de paisano enseñando una placa metálica con los colores de una bandera y poniendo cara de indagar sobre lo que allí pasaba... —hizo una pausa para recordar el momento—. Ahora que caigo, es posible que tanta insistencia con lo del museo se debiera a que el policía se demoraba en su aparición, porque el gancho repetía la pregunta sin entendernos. En fin, el mal aspecto del segundo timador me hizo ver que se trataba de un camuflaje poco acertado.

—¿Y qué pretendían? —preguntó Martina.

—No lo sé. Lo cierto es que cuando el policía me pidió el pasaporte, yo, sin concluir mi sospecha, saqué la cartera y, sin soltarla, le mostré mi carné mientras le decía que era español.

—¿Y cómo os entendíais?

—Yo, como podía, hasta que reaccioné de mala manera. Pero cuando el falso policía mencionó la palabra droga, mi tono de voz se disparó contra él pidiéndole su carnet. Yo le grité: «¡A ver la foto! ¡La foto!». Pero no le pude coger aquella placa mugrosa por la rapidez con que esquivó mi mano. Entonces me di media vuelta mientras les gritaba: «¡Vaya dos chapuceros!». Pero la excitación se me pasó enseguida, porque un poco más abajo entré en la tienda donde te compré la sortija.

—¿Y no hicieron nada?

—Cuando me volví para mirarlos, policía y turista se alejaban juntos sin decir ni pío. Yo, pensando en el moreno de sus caras, pensé que algo tendrían que ver con el puerto del Pireo.

XIV

Conversar bajo una apretada colección de fotografías toreras colgadas en la pared es lo más natural si se hace en una taberna taurina. *La Taberna de Antonio Pérez*, con carteles y poses histó-ricas de la tauromaquia, era un lugar tan bueno como cualquier otro para debatir.

A finales de octubre, Horacio logró que Martina le acompañara en uno de sus viajes de ida y vuelta a Madrid. Aunque era sábado, él le había prometido dos cosas: que volverían a la caída de la tarde y que le presentaría a su amigo Claudio, con quien se ha-bía citado para comer los tres.

Martina y Horacio estaban sentados juntos, frente a frente con Claudio. Ocupaban los lados opuestos de uno de los veladores de mármol que se adosaban a las paredes del restaurante, la readaptación de una taberna de las de antes. De aquella había heredado la decoración de las paredes: un amplio muestrario de fotografías toreras de época, donde no faltaban carteles que prometían épicas corridas.

Bajo los plantes de Joselito y Rafael, en esta ocasión escasamen-te separados por el fino marco de una foto, Horacio disertaba sobre su tema predilecto.

—Referente a la pintura, yo tengo mi teoría a favor de la aportación romana. Es uno de los puntos que yo quiero reivindicar. A pesar de que existen pocos nombres de pintores que fueran de origen romano, estos romanos consideraban al arte propio como la última encarnación del arte griego.

—Sí, aunque la sociedad romana tenía pasión por el arte, con-sideraba indigno el ejercicio de cualquier oficio. Este prejuicio incluía a los artistas —añadió Claudio, como si tomase el relevo y ambos estuviesen hablando para Martina.

El Eslabón Perdido de la Pintura

Horacio citó un pasaje de la Eneida:

—Virgilio escribió: «Otros sabrán hacer mejor respirar al bronce o tallar en el mármol rostros vivientes..., tú, romano, no olvides que tu arte será el de gobernar a los pueblos, hacer reinar la paz, perdonar a los vencidos y abatir a los rebeldes».

Martina, quien no estaba a su gusto con el papel de convidada de piedra, con una mueca de rebeldía dijo:

—El romano prefería las esculturas antiguas griegas, la muestra la tenemos en el enorme número de copias que existen de antiguas obras maestras. ¿Os imagináis la cantidad de obras que saldrían de los talleres de cantería? Hasta tal extremo se desarrolló el sentido de la copia que a una réplica se le añadía cualquier miembro que le faltase, incluida la cabeza.

Horacio, sentado a su lado, contemplaba sus ademanes. Al desviar su mirada hacia Claudio, vio la complicidad que se reflejaba en sus ojos cuando dijo:

—Si visitáis el Museo de Nápoles, podréis advertir cómo los pintores que decoraron las casas de Pompeya actuaron como los copistas de esculturas.

—Es de suponer que los temas clásicos circularan por los talleres dibujados en cuadernos— intervino Martina.

Pero Horacio, sin más, sacó a relucir la pérdida cultural de Occidente:

—La sutileza y la gracia helénica se acabó con la dictadura cristiana. Todo se cambió por las proporciones rechonchas, por los miembros malformados y los rostros rígidos. Sí, los ojos abiertos como platos, ¿y qué? Con el cristianismo, el arte occidental no volvió a ser adulto hasta el siglo XV.

Con ello, la conversación adquiría un tinte radical.

—Sí, pero al cristianismo también hay que reconocerle sus aportaciones en favor del arte —intervino Martina.

Horacio hizo una mueca. La mayor parte de su vida había transcurrido evitando que no se dispararan sus ideas religiosas. Miró entonces las fotos toreras que se ordenaban por encima de sus cabezas.

—¿Habéis leído *Cómo acabar de una vez por todas con la cultura*, de Woody Allen? Hay una historia que trata sobre una partida de ajedrez; las interpelaciones entre los dos jugadores son surrealistas.

Claudio decía esto mientras salían por la puerta de la que fue antigua taberna.

XV

La ciudad en que había nacido Horacio posiblemente fuera de las que tenían más iglesias y conventos per cápita. Horacio Paniagua, hoy pintor de sesenta años, vino al mundo con el pelo negro como el azabache y unos ojos vivos y negros como el carbón. Con sólo dos días de edad ya buscaba darle un sentido a las luces y a las sombras. Eso fue el 12 de marzo de 1948. El destino le puso en una ciudad vieja y milenaria, Toletum para los romanos y Toleitola para los árabes. Su ciudad había sufrido un bárbaro trasiego y una encrucijada de destrozos. Ya fuese antes o después, en esa ciudad nadie faltó a la cita de romper algo.

Cuando Martina y Horacio volvían de Madrid, él evocó el propósito que le traía absorto.

—La mayor destrucción de los tesoros artísticos de occidente vino de la mano de Alarico. Cundió el desastre cuando sus bárbaros invadieron Grecia. Este angelito no tocó Atenas pero gran cantidad de templos griegos fueron demolidos.

—Todos los bárbaros no fueron tan bárbaros.

Martina no era anticlerical y las manifestaciones de Horacio sólo le incomodaban de manera inconcreta.

—No quiero ser radical, pero te voy a dar una estadística: desde el 587, año en que Recaredo abjuró del arrianismo para hacerse cristiano, hasta el 711, la media de vida de los reyes godos cristianos que reinaron en Toledo fue de siete años. Si alguno murió de causa natural fue una excepción. Esto da una idea de la clase de cristianismo que practicaban. También es una muestra de las formas usadas para hacerse dueños del occidente romano.

—Pero no se puede generalizar. Leovigildo fue un rey de visión política con criterio unificador —le contestó Horacio.

—Sí, pero si el arriano Leovigildo no hubiese tenido que luchar contra su hijo, San Hermenegildo, quien levantó la espada contra su padre para usurparle el trono, España pudo haber desempeñado otro papel en el desarrollo del cristianismo —siguió él.

—Ya falta poco para llegar a Toledo —soltó entonces Martina liberando su mirada por la ventanilla del coche.

Llegados finalmente hasta la puerta de la casa de Martina, al despedirse, Horacio le dijo lo que tenía pensado hacer el día siguiente.

—Mañana estaré en la presentación del libro de mi amigo Manu Paz, se titula *La crisis de Oriente*. Es en la Biblioteca Pública, a las siete y media. Si te apetece, nos vemos allí.

—No creo que pueda, tengo corrección de ejercicios —le dijo ella.

Se hizo, en efecto, la presentación del libro de Manu Paz. La directora de la Biblioteca, el editor y el autor del libro se habían pasado la palabra del uno al otro, y luego, en grupitos cercanos, se charlaba cuerpo a cuerpo sobre cualquier cosa.

Aún flotaban en el aire las últimas palabras de Horacio cuando vio a Martina acercarse en dirección a su grupito. Algo atónito, observó la feminidad que provocaba su ceñido vestido granate. También sus labios, pintados del mismo color, le otorgaban un toque voluptuoso nuevo. Cuando ya estaba al alcance de su mano hizo un ademán para hacer las presentaciones.

—Martina, profesora de Historia con manías arqueológicas... Éste es Manu Paz, el autor de libro.

Los ojos de Horacio, que solían basarse en criterios plásticos, hicieron una lectura sobre cómo Martina había vestido su cuerpo.

XVI

Unos meses antes de que a Emérita se le declarase un cáncer sin retorno, ella habló a Horacio con un tono muy grave. Necesitaba un periodo de meditación para salvar su futuro en pareja. Así que se exilió al apartamento madrileño y la ausencia pasó de un día; ese vacío cobró una fuerza inesperada.

Horacio nunca había pensado en cómo se las vería en solitario. Con la ausencia de Emérita, todo se había trastocado en su interior, de manera que lo que parecía significar un futuro liberador, se había revelado como un presente insufrible.

El proceso, aunque corto, para ambos resultó riguroso en exceso. Mientras que él pensaba que Emérita no tardaría en aparecer por la puerta, a ella le costaba alejarse del teléfono, por si recibía una llamada. Finalmente, pasada una semana interminable, ella llamó a Horacio para preguntarle por cualquier cosa que no encontraba en el apartamento. El momento del reencuentro fue muy efusivo.

A partir de que el río volvió a su cauce habitual, un acuerdo tácito de no agresión triunfó entre ambos. Pero las cosas se torcieron a los dos meses de la reconciliación; la crueldad mostró sus afilados colmillos: un cáncer se había desarrollado en la cabeza de Emérita y se estaba extendido por el lóbulo derecho. El infortunio sobre cualquier futuro en pareja estaba sentenciado, el tiempo se limitaría al desenlace vertiginoso de sus vidas. Todo cambió a partir de que ella se notara algo extraño y doloroso en su cabeza. Era la punta de la guadaña que ya estaba esperando su entrada en escena.

La relación de Horacio con Martina, sin haber traspasado las fronteras del sexo, se hacía cada vez más cotidiana. A él le apetecía el intercambio de opiniones sobre su tesis occidental y su pintura y los encuentros se producían más a menudo de lo que ella deseaba. Pero con tanto cruce de ideas no le llegaba el calor que estaba esperando.

Para hacerle un gesto de provocación a Horacio, Martina sólo necesitó vestir su cuerpo de granate. Y lo hizo a pesar de no estar muy convencida de ello. Tuvieron mucho que ver las confidencias compartidas con su vecina de al lado, una viuda influyente, entrada en años y en carnes, que decía estar muy ducha en las lides del amor.

—A un viudo maduro hay que entrarle por los ojos —le había dicho Crisanta, que así se llamaba la asesora, a modo de resumen.

—¿No me está muy ceñido por aquí? —Pasó las manos Martina por su fina cintura y por sus estrechas caderas.

—Nunca está suficientemente si se quiere atraer la atención —le dijo.

—Creo que cuando me lo compré para una boda, yo tenía el talle más fino.

Martina no le quitaba ojo al espejo.

—¿Una copita de Cointreau? —le dijo su confifente—. Te voy a servir una para ponerte contenta. No vayas a creer que yo le pego al *trinqui*, son restos de Navidad. También tengo anís... A mí me gustan dulzonas —siguió Crisanta sin ser interrumpida, mientras escanciaba en dos gruesos vasos de cristal—. Espera, voy a por unos cubitos de hielo.

Horacio y Martina salieron solos de la Biblioteca Pública. Andaban animosos y con ganas de charla. Entraron en una cafetería y se sentaron uno frente al otro.

—Póngame un Cointreau con hielo —pidió Martina al camarero.

—¡Bien! —exclamó Horacio—. A mí tráigame también. Hace un montón de tiempo que no lo bebo, antes lo hacía de vez en cuando.

Mientras hablaban y se miraban, la temperatura de sus ánimos parecía ir subiendo. Por su parte, Martina quería echar a un lado su timidez y dejar paso a impulsos más francos. No reinaba entre ambos esa tensión retraída de ocasiones anteriores y se podría decir que nunca se habían sentido tan a gusto. Y para no perder el dulzor de sus bocas, reincidieron en lo del Cointreau.

Ella se encontraba bien y no se sentía obligada a decir nada. Mientras, Horacio, mirando aquella sonrisa, hacía tintinear los menguados cubitos de su vaso.

Martina aún conservaba su virginidad, pero no por razones éticas, simplemente porque las ocasiones habían dado un rodeo al pasar por su puerta. Incluso en la despedida de aquel día, a pesar de las actitudes propiciatorias por ambas partes, no se produjo ningún desmelenamiento. Ya fuera porque habían remitido los efectos del alcohol aguado o por que temían este tipo de situaciones, no se encendió ninguna chispa y ambos terminaron la jornada despidiéndose como de costumbre, con un simple roce de mejillas.

Por el camino de vuelta, después de acompañarla hasta la puerta de su casa —lo que nunca había hecho—, Horacio iba refunfuñando entre dientes: «O no sé lo que quiero o no tengo valor para decirlo». Pero nada más traspasar el umbral de su puerta se fue derecho al teléfono:

—Martina, ¿admites que el beso que no te he dado antes te lo dé ahora por teléfono?

Se oyó al otro lado del aparato:

—Si por casualidad eres Horacio, te contesto que siempre es dulce la miel.

Esto contestó sin que ella misma creyese lo que acababa de decir. El sonido de dos besos se entrecruzaron telefónicamente y luego no hubo otra cosa por ambas partes que un hasta mañana.

Aquel beso telefónico sin sabor a Cointreau quedó como un poso en el recuerdo. Sobre aquel chasquido labial, cuyo ruido telefónico sonó como el pisar una hoja seca, no hubo alusiones posteriores por ninguna de las partes. El que Horacio no acelerara la situación no sólo tenía su origen en los recuerdos de Emérita, que ya eran fragmentos aislados de una añoranza lejana, había algo de Martina que, en las distancias cortas, le hacía retroceder. Hubiera preferido hablarlo con ella, algo mejor que seguir rehuyendo hacer caricias. Pero el hecho de recordar cómo era el sexo con Emérita y el rechazo a imaginarse la forma de hacerlo con Martina, le provocaba una inexplicable sensación.

No obstante, los sentimientos experimentados hacia Martina habían mejorado en afabilidad; una especie de cariño de andar por casa había hecho acto de presencia entre ambos.

Transcurridos unos meses —incluidas las navidades—, sus relaciones se hicieron aún más sosegadas y amistosas, aunque el tema del sexo seguía huidizo.

Sin conocer la razón ni tener necesidad de saberla, ahora Martina llevaba mejor las manías temáticas que Horacio le endosaba. Si a él le surgía alguna idea o pensamiento nuevo, no dudaba en trasladarlo a lo que podría titularse *Diálogos con Martina*.

—¿Cómo sería la pintura si Dios quisiera expresarse por medio de la estética? ¿Cómo sería una pintura abstracta hecha por Dios?

Esta pregunta la puso Horacio en el aire a modo de prueba de fuego.

—En el caso de que hiciera tal cosa, esa cota sería insuperable o imposible de imitar. Hay muchas formas de pintar abstracto. Si Él pintara de todas las formas conocidas y las no conocidas, nos situaría frente a una infinitud insoluble, ocurriría que la religión tendría un nuevo apartado donde debatirse: la pintura de Dios —dijo ella sabiendo de antemano que la cuestión no quedaría zanjada tan fácilmente.

Con lo dicho, Martina demostraba que se había vuelto experta en reconducir asuntos horacianos.

A él le atraía el tema inventado sobre un Dios artista, y por esa senda seguiría con la presa sujeta entre los dientes.

—¿Y si fuera Satanás a quien le diera por pintar?

Nunca Horacio se conformaba con una sola incógnita, era capaz de injertarlas una con otra, como lo haría con una higuera y un peral.

El Eslabón Perdido de la Pintura

Los días activos en su trabajo de pintor no evitaban que Horacio siguiese su proceso sobre la tesis de la pérdida de la pintura antigua. Se preguntaba hasta dónde evolucionó la pintura occidental. Con dudas o sin ellas, estaba convencido de que su pintura derivaba de los atributos propios de Occidente.

—Una sensibilidad estética puede encontrar la belleza más íntima que hay en cada mujer —le dijo en una ocasión a Martina.

—¿Para ti no hay mujeres feas? —preguntó Martina en otra, un poco agachada y mirándole con los ojos hacia arriba.

—Como todo el mundo supone, todas las mujeres tienen un arma capaz de matar... Con un golpe certero en el corazón —bromeó Horacio mientras miraba a los ojos de Martina.

XVII

«Cuando el cristianismo se hizo cargo de los poderes fácticos, le fueron cortando las venas a la objetividad, al razonamiento libre y a la cultura de Occidente».

Era lo que le había dicho Horacio a Martina casi nada más conocerla, como si en ese momento de su vida ésa fuera su tarjeta de visita. Y aún se estremecía cada vez que pensaba en los más de mil años que necesitó la cultura occidental para reiniciarse.

—A partir del siglo IV, cuando el cristianismo accedió al poder, las creaciones artísticas se situaron más próximas a la actividad artesanal. Desde entonces, las libertades artísticas y literarias han sido temidas como actos de insurrección. Y sus creadores como revolucionarios en potencia —le había dicho en otra ocasión.

La paciencia de Martina, a pesar de lo que pudiese tener de historiadora de oficio, alguna vez se resquebrajaba con tanta reiteración. Y eso que esas diatribas anticristianas habían perdido el protagonismo, porque ahora no ocupaban ni el diez por ciento de sus conversaciones. Escuchar ese porcentaje había sido una transigencia habitual en sus encuentros, pero la mutua compañía estrechaba los lazos de sus horas compartidas. Sentir la compañía del otro era el mejor acoplamiento de su relación. Pero aparte de este sentimiento, todo lo demás era como una nebulosa que parecía estar a la espera de ser configurada.

El intenso amor por Emérita fue la pasión más fuerte de su adolescencia. Horacio tenía dieciocho años cuando se hicieron novios y el físico había sido el primer impulso que le cautivó. La frágil belleza de su cuerpo, su bonita cara y el dulce timbre de su voz fueron las principales gracias que le prendaron. Ahora, mirando a Martina, se preguntaba cuál era la gracia que más le atraía de ella.

Horacio veía en ella un encanto indefinido, un aura chocante de feminidad. Al principio de conocerse la miraba con ojos críticos y ella lo advertía cuando le sorprendía con esa mirada.

El estrechamiento de los lazos de la pareja había ido ganando terreno y, a la par, Martina, por puro instinto femenino, cuidaba cada día más su aspecto físico. En lo referente a perfumes, cremas, sombras de ojos y maquillajes varios, sólo desde que se interesó por Horacio hizo acopio y profesión de todo ello. Incluso en el vestir había cambiado de estilo; ahora sus prendas tenían otros aires y otros colores menos neutros.

Horacio no dudaba del futuro de sus relaciones con Martina, daba por sentado que el curso de los acontecimientos iría por su camino natural, sin forzamientos ni presiones. Por otro lado, para ella ese porvenir no estaba claro, se le antojaba impredecible. Sin que Martina le hubiera dado motivos, él no albergaba dudas respecto a que le acompañaría en su vuelo a Nápoles. Ese viaje, al ir acompañado por ella, tendría matices aventureros; sería algo más sentimental que una simple ruta de investigación.

Para Horacio, la base de una relación en pareja se fundamentaba en compartirlo todo y eso incluía una implicación en sus aspiraciones artísticas. Él se imaginaba a Martina portando la antorcha de sus conceptos plásticos, ese era su egocentrismo; incluso aspiraba a que ella promocionara su obra como lo hubiera hecho un marchante de los de antes.

En ese afán de ilustrar a su pareja, Horacio le prestaba catálogos de la pintura contemporánea que él consideraba de mayor calidad o libros de temas plásticos, donde le marcaba los párrafos más oportunos. En una novela que le prestó —*Busca mi rostro*, de John Updike—, incluso había subrayado a lápiz párrafos en los que la protagonista, una vieja pintora que estuvo casada con un afamado pintor, hablaba de su marido muerto a una joven entrevistadora: «*Me llevaba a las exposiciones y me decía qué era bueno y qué no lo era tanto: 'Picasso no era tan bueno porque podía hacer demasiado y con una facilidad excesiva, mientras que Matisse era bueno porque con esfuerzo había logrado llevar toda su obra al límite'».*

Decía: *«Los surrealistas erraban, empeñados en hacer tan sólo juegos de palabras y ocuparse de política».* Sin pretenderlo, los textos que subrayaba Horacio tenían connotaciones autobiográficas, eran ideas con las que él estaba identificado.

Lo que Martina no lograba ver en un cuadro abstracto eran esos principios de la pintura occidental que Horacio parecía entrever con tanta nitidez. ¿Cómo podrían identificarse en una pintura abstracta de Tápies los principios que él veía en la pintura clásica griega reflejada en los frescos de Pompeya? Su máximo despiste se producía cuando esas expresiones, propias de Occidente, debían identificarse en la pintura actual.

En realidad, la educación artística de Martina no pasaba de lo que había estudiado entre el instituto y la universidad, lo cual no era sino una recopilación de datos históricos, sin profundidad de conceptos ni contactos directos con obras de arte moderno. Su educación estético-plástica se había remitido a las visitas de exposiciones, y éstas no solían ser de arte contemporáneo. Era ahora cuando empezaba a ser consciente de los sentimientos plásticos que movían al arte en general. Pero, lógicamente, estaba muy lejos de valorarlo de la forma que lo hacía Horacio.

—Para comprender la pintura de cualquier tendencia o época, hay que ver muchas exposiciones. Y si tienes la suerte de ir acompañada de alguien que sepa, aprenderás muy rápido —le dijo en cierta ocasión Horacio con entusiasmo a Martina.

—Sí, pero hay tantas cosas que parecen una tomadura de pelo que... —le contestó Martina con acento de queja.

—Así es, pero cuando el tiempo haga una limpia, todos aquellos que fueron santificados por el rodillo de la industria serán desplazados al lugar que les corresponda.

—Ese es un problema que no todo el mundo sabe —dijo Martina casi preguntando—. Tú me has dicho que la mayor mentira del arte actual es la afirmación de que «todo vale».

—Eso es «todo puede valer» pero no todo es válido. La falacia del «todo vale» como bandera de lo moderno es la síntesis simplista de una idea facilona, como «un genial golpe de pincel puede darle al hombre la libertad que nunca tuvo».

De cualquier modo, aun sin ponerle mucho empeño, los fundamentos que Martina iba adquiriendo sobre el arte en general, y el contemporáneo en particular, habían aumentado y profundizado en poco tiempo, sin apenas darse ella cuenta. Persistiendo él, adaptándose ella poco a poco, iban pasando las semanas de febrero.

XVIII

Para Martina, los fundamentos iniciales de la pintura occidental que se basaron en la educación visual y en el concepto unitario de la obra, eran fáciles de localizar en la pintura que se desarrolló hasta finales del siglo XIX. Sin embargo, le era imposible detectar ningún principio occidental en las vanguardias del siglo XX, sobre todo en los movimientos abstractos. Todo lo referente al racionalismo propio de la pintura occidental, en su aplicación a los vanguardistas del siglo XX, para ella se constituían en un laberinto del que nunca encontraba la salida. ¿Cómo podrían diferenciarse las características occidentales en el campo de la abstracción?

Horacio le ofrecía una conclusión: los atributos abstractos debían extraerse de conceptos más o menos filosóficos y los análisis debían basarse en elementos puramente plásticos, no literarios.

—Martina, del lado figurativo imitamos las leyes de la naturaleza y del lado de la abstracción usamos los instintos estéticos y expresivos de cada individuo.

—¿Tú crees que en Grecia la evolución mimética alcanzó a pintar la perspectiva aérea, el desvanecido de los detalles alejados, la aplicación de colores azulados a las lejanías o los duros contrastes de luz en los primeros términos? —le preguntó Martina.

—Por supuesto. En Pompeya podrás ver murales con perspectiva aérea. Sólo tienes que hacer una cosa, venirte conmigo para comprobarlo —le contestó.

—¿No tienes reproducciones de esas obras para que yo pueda verlas?

—Sí, te las enseñaré si prometes acompañarme en el viaje —dijo él socarronamente.

El Eslabón Perdido de la Pintura

Hacía tiempo que Horacio buscaba el momento oportuno para ofrecer a Martina su invitación a viajar con él.

—¿Y no te valen las reproducciones como prueba de todo lo que dices? ¿Lo tienes que atestiguar como lo haría un notario?

Martina no estaba segura de si la esquiva que hacía era buena o no. Tampoco lo estaba de querer ir con él.

—El juicio de una pintura no debe hacerse por medio de una reproducción: la dimensión, los colores y la presencia que aporta el original no están en la foto —dijo Horacio—. Quiero invitarte a que me acompañes a Nápoles pero no puedo presionarte —le dijo cargando las palabras con una solemnidad intencionada.

—Ya sabes que tengo mi trabajo, no puedo abandonar mis clases.

Martina buscaba una justificación para salir airosa del trance.

—Piensa en lo poco que te falta para las vacaciones de Semana Santa, también tienes todo el verano libre —insistió él—. Yo puedo esperarte hasta cuando tú quieras, pero es preferible la primavera napolitana al verano.

Para encontrar el eslabón definitivo, poco contaba ya la visita que había hecho al túmulo de Vergina, ahora todo se centraba en una selección de reproducciones de obras concretas para cotejarlas *in situ*. En ese archivo fotográfico, el grupo de obras clásicas —el principal apartado que contaba para arqueólogos e historiadores— estaba representado con muy buenos ejemplos.

Pero faltaban algunas obras comparables con cualquier faceta de la pintura renacentista o, incluso, alguna impresionista (propio del siglo XIX). Esto último, aunque podría ser considerado como una utopía, para Horacio era una realidad. No dudaba sobre el alcance y la evolución de la pintura desarrollada por griegos y romanos. Incluso estaba seguro de que la pintura hecha en Roma, la que se hizo en torno a la época del nacimiento de Cristo, era un fenómeno que, en la historia del arte, aún no se había valorado adecuadamente. Ya incluso en reproducciones de algunas pinturas del museo napolitano se podían apreciar otros aspectos más allá del clásico: impresionistas, expresionistas y caricaturescos.

XIX

Él no tenía muchas oportunidades en Toledo para confrontar ideas sobre arte, sus teorías no encontraban oídos dispuestos al sacrificio. No obstante, el soltero Hipólito, un amigo de toda la vida, ingeniero de caminos, era el mejor banco de pruebas que tenía a su alcance.

—Su gran amor está estrechamente relacionado con el arte —decía Horacio de Hipólito cuando hacía las presentaciones.

—En eso es un erudito y un filósofo, lástima que no sea capaz de lanzarse a pintar —le pinchaba a su amigo.

Sin embargo, Hipólito había hecho mucho dibujo de línea, infinidad de dibujos. Pero su frustración siempre fue la pintura, con el color, sus miedos le agarrotaban por causas desconocidas para él.

Emérita conoció la timidez de Hipólito y lo supo especialmente por su mirada. Después de su muerte, apenas si se veía con Horacio. Pero ahora era como si, por casualidad, hubiesen renacido sus encuentros. Había conocido a Martina en la biblioteca pública el día de la presentación del libro de Manu Paz y ambos hicieron buenas migas. No hizo falta mucho tiempo para que congeniase con ella y que, incluso, llegase a ser más abierto y dicharachero de lo que había sido con Emérita, sobre todo porque podían hablar de arqueología toledana a sus anchas, tema en el que podían dejar a Horacio detrás del mostrador.

Por pura casualidad, Hipólito se acababa de encontrar con Horacio en una librería. La conversación que allí iniciaron la continuaron en la barra de un bar céntrico, acodados. Allí se tomarían el primer vino del día y el segundo.

EL ESLABÓN PERDIDO DE LA PINTURA

La lengua de ambos se había desatado sin necesidad de llegar al cuarto vino. Los dos le tenían la misma inquina a la Iglesia. Siendo alumnos, habían sufrido una pubertad recelosa bajo la inquisitiva mirada de alguna sotana, así que para este asunto tenían ideas comunes o complementarias. Si Horacio pensaba que los logros magistrales de la pintura griega se habían perdido, Hipólito decía que los muros en que se pintaron esas maravillas fueron destruidos por el fundamentalismo cristiano.

—Desde Constantino a Justiniano todo fue cortar la hierba bajo los pies de la civilización occidental. La última ciudadela cayó en el 529, cuando se cerró la universidad de Atenas y sus profesores y sabios emigraron a Persia. Allí se fomentó una nueva civilización, la que fecundó al Islam en el siglo VII.

Por insinuación de Hipólito, Horacio había citado por teléfono a Martina y ésta no tardó en aparecer en la cafetería donde, ya sentados ante una mesa, la esperaban.

Esa tarde, Martina, Horacio e Hipólito serían como los tres vértices de un triángulo cuya superficie estaba abonada para hablar de la historia de Toledo.

—¿De qué estáis hablando, del fantasma que ahuyenta la lluvia en Toledo? —ironizó Martina al llegar.

Cuando el camarero trajo el nuevo avituallamiento, la conversación seguía por los mismos derroteros aplicados a Toletum, es decir, sobre el poder eclesiástico concentrado en la Ciudad Imperial y el trato de favor en la elevación a los altares de los santos locales.

—Aquí murió Santa Leocadia en el 304, en la última persecución, la de Diocleciano, y aquí fue elevada a los altares.

—Es curioso —dijo Hipólito haciendo una pausa—, hace poco supe de la devoción que se le guarda en Varsovia a esta santa. Un amigo polaco residente en Madrid me pidió una estampita de Santa Leocadia y algo que contar sobre la historia de su vida toledana. Lo quería para enviársela a su madre. En Varsovia hay más devoción por esta virgen y mártir que aquí, donde no todos los toledanos saben que es su patrona.

»Entre el 303 y el 304, Diocleciano quiso desembarazarse del poder adquirido por la Iglesia, y esta última persecución, en la que cayó Santa Leocadia, iba dirigida contra el clero y a ella todo aquello le pilló en medio.

Hipólito, mientras hacía este comentario, miró a Martina como invitándola a que continuase por su misma senda.

—Sí, antes de Diocleciano, bajo el emperador Dacio, la Iglesia cristiana había logrado consolidarse como una especie de estado dentro del Estado, con su administración, su magistratura y su organización judicial —aclaró Martina.

Mientras hablaba, Hipólito miraba como hipnotizado el juguetear de las manos de Martina con una cucharilla de café.

XX

Horacio le había dicho a Martina que el arte, la filosofía y la ciencia forman un mismo cuerpo. Sin embargo, en lo cotidiano, él flotaba en las mismas aguas que sus conciudadanos.

—Yo también soy un consumista: veo la televisión, abro todo el correo publicitario que me llega y cojo todas las llamadas que me hacen por teléfono. Pero para mí, el arte llega a ser indisoluble con la vida misma.

—¿Tú crees que toda una vida puede depender exclusivamente del arte? ¿Percibe el público esa dependencia? —le preguntó Martina.

—El arte conceptual hizo que los espectadores participasen —contestó él—. ¿Tú recuerdas los primeros *happening* que se hacían cara al público? Aunque la mayoría de la gente no se da cuenta de ello, el arte forma parte de su vida cotidiana. Hasta, en el peor de los casos, el arte va cosido a la publicidad. Y puede ser una necesidad íntima aunque no se detecte. Posiblemente el arte podría ser la espiritualidad adecuada para una sociedad sin religión.

Martina quiso poner su granito de arena:

—Con nuestros cinco sentidos, la vida puede ser una aplicación de las teorías. Cuando comes una ensalada eres capaz de saborear el aliño con tu paladar, de oír el tierno crujir de la lechuga, de oler el aroma del aceite mezclado con el vinagre y de ver la frescura de los colores que se mueven por el empuje de tu tenedor.

Para Horacio, cualquier teoría aplicada a la evolución del arte occidental debería funcionar con la misma naturalidad con que evolucionan las especies en el mundo animal; en la misma línea ideológica que dio a conocer Darwin.

En el rastreo de la literatura griega, buscando indicios pictóricos, Horacio había hecho una selección de textos extraídos de la Grecia antigua. Entre los más relevantes estaba el que de Sócrates se reproduce en *Los Memorables* de Jenofonte. Transcribía una conversación de Sócrates con Parrasio. El filósofo preguntaba al pintor sobre cómo representaba lo que veía: el cuerpo y sus diferentes aspectos y edades, las luces y las sombras expresadas mediante el color, si para representar un modelo de belleza reunía los detalles más bellos de las personas y si le daba una expresión al rostro para plasmar los estados de ánimo. Parrasio contestó a todas estas preguntas afirmativamente, como si ambos ya hubiesen acordado las respuestas de antemano.

De la lírica griega —de entre los siglos VII al IV antes de Cristo—, Horacio encontró planteamientos que tenían que ver con una filosofía ética. El poeta Teognis se expresaba como un moralista, con parábolas, dogmas éticos o moralejas, que pudieran haber servido de modelo para la ética cristiana.

La razón que él aplicaba era: La comunidad cristiana nació en contacto diario con la cultura romana y bajo su tutela, por tanto, lo más natural es que el cristianismo se remodelara partiendo de los elementos éticos más cercanos. De la misma forma que los amorcillos alados grecorromanos se transformaron en los angelitos celestiales de la cultura cristiana.

XXI

Los que le conocían, sabían que Horacio no se dejaba abatir por ningún tipo de desgana. La vida le había enseñado sus dientes con reiteración pero su mundo creativo nunca había perdido el fulgor, las sensibilidades plásticas siempre renacían en él. Lo que opinaba sobre la falta de ánimo por la pintura era igual a lo que pensaba de la vida misma: ¿No es el suicidio la desgana definitiva? En los últimos seis años, su evolución había sido considerable. Ahora se veía eufórico y potente. Su línea de horizonte siempre estaba abierta a todo. Respecto a la sociedad actual, pensaba que «otra vez la razón estaba siendo apartada a empujones». ¿El siglo XXI seguirá bajo las náuseas de una masa democrática parda?, se preguntaba.

Por otro lado, deseaba que la mujer irrumpiese con fuerza en el frente motivador del arte y ahora fantaseaba con que Martina, de algún modo, formase parte de ese femenino frente impulsor.

Creía que por encima de cualquier argumento que en el arte, los atributos de la mujer no diferían de los del hombre. No creía que el arte tuviese atributos sexuales de ninguna clase; eso era algo irreconciliable con su sentido común. ¿Por qué habrían de ser diferentes para hombres y mujeres? El machismo y el feminismo, sin embargo, le repugnaban porque atentaban contra la lógica universal.

Tras su viudedad, Horacio tardó en recobrar su ser. Ahora le habían brotado nuevos ánimos y se creía dispuesto a mantener una relación estable con una mujer. Aunque, de momento, todo reposaba en una playa sin marejadas.

Pero él no sabía lo que pasaba por la cabeza de Martina. No podía imaginar cuáles eran sus deseos de futuro en pareja ni sus pensamientos más íntimos. Ella, por su parte, se decía a sí misma: «Hoy la mujer puede vivir sin ataduras. Nos traicionan los demonios de una educación machista».

Pero no acababa de tomar una decisión respecto al viaje a Nápoles con Horacio. No tenía inconvenientes que se lo evitaran, ni siquiera suponía un desembolso económico, ya que Horacio dijo que él correría con los gastos del viaje: «Tú sólo tienes que poner el factor sorpresa». Pero en Martina se anteponía un sentimiento de inseguridad ante un viaje con pinta de aventurero.

¿Qué haría otra mujer en su lugar? Finalmente se dijo: «¡Ahora o nunca! Después de muchos años, su decisión había alcanzado una declaración de independencia, y eso le hacía sentirse pletórica y con vigor. No obstante, un temor inconfesable creaba en su mente una laguna de incertidumbre: su grado de frigidez, y nunca lo había reconocido abiertamente. Lo cierto es que cuando llegara el momento, no estaba segura de cómo se comportaría ante el sexo.

Las voces flotantes de la cafetería trazaban diagonales por encima de sus cabezas sin interferir en su pausada conversación. Cada uno con su café humeante, estaban sentados frente a frente cruzando sonrisas. Martina le había comunicado a Horacio su decisión de acompañarle a Nápoles. Sus delgadas manos parecían querer cruzar el centro de la mesa; las de él aparentaban el mismo impulso. También sus caras, proyectadas hacia delante, parecían querer llegar al centro. Pero los signos externos se traslucían con mayor claridad en ella, sus ojos parecían haber cobrado un brillo que antes no tenían.

Sin embargo, había algo que a Horacio le producía oscuras reservas, sabía que un viaje, aunque fuera corto —sólo estarían cuatro días en Nápoles—, les ponía en la situación de estar continuamente juntos, todas las horas del día y de la noche. Se decía para sí: «Son las distancias cortas y prolongadas las que dictan su ley».

Martina llevaba muchos años viviendo sola, con sus costumbres y sus formas de soledad ya arraigadas, así que sus hábitos podrían chocar. Por su parte, él intuía que si algún día vivían juntos, en la misma casa, habrían de superar pruebas de adaptación. También podría adoptarse la fórmula de vivir cada uno en su casa. Ahora, una vez dado el paso, planeaban dudas razonables. Las situaciones que se generan en un viaje son imprevisibles y todo lo que se proyecta o es imaginado, cuando se produce en la realidad aparece con mil matices no previstos. En fin, lo que parecía ser fácil o bueno, podía resultar complicado o tortuoso.

En el físico de Martina se había producido una metamorfosis que, cada día que pasaba, le daba mayor atractivo. En eso estaba la mente de Horacio cuando vio cómo Martina venía hacia él.

—¿Llego a tiempo para lo que sea? —dijo al llegar a su encuentro.

—A tiempo para oírme decir que estás muy guapa —le dijo Horacio, acompañando las palabras con las risueñas niñas de sus ojos—. Y que ya tengo todo a punto, billetes de avión, un programa de actividades y el hotel reservado para cuatro días. Está cerca del Museo Arqueológico.

—Esperemos que el cielo napolitano nos reciba con los brazos abiertos —deseó Martina con los dedos cruzados en su mente.

XXII

La imaginación de Horacio se paseaba por la ciudad de Nápoles y, de paso, por toda la Italia renacentista. En su memoria afloraban edificios, pinturas, esculturas y personajes de Florencia, Venecia, Roma, Siena... Martina iba de su brazo. Con la mente puesta ya en Nápoles le dijo:

—Qué bonito hubiera sido poder vivir en la Italia del Renacimiento, cuando volvieron al arte los atributos occidentales con plenitud.

Él ya había realizado varios viajes a Italia, ávido por reconocer todo tipo de arte que se cruzase en su camino. Para él, Italia ofrecía el modelo más acabado y cercano a lo que definía como la cultura plástica de occidente.

Acababa de lavarse el pelo cuando sonó el móvil que Horacio le había regalado. Se puso una toalla para envolverlo y con una mano sujetó el improvisado nudo de la bata y con la otra atendió la llamada.

—Martina —dijo Horacio—, ya tengo el folleto de la agencia de viajes, vienen los vuelos y hoteles de Nápoles. Me gustaría que los viéramos juntos.

Ella oyó su voz vibrante, aunque le llegaba un poco distorsionada. Sus palabras anunciaban la cuenta atrás y, aunque ya todo estaba hablado y decidido, le era imprescindible demorar cualquier respuesta. Necesitaba tomar conciencia de la situación.

—¿Me oyes...? —le preguntó Horacio.

—Sí, me has pillado secándome el pelo —dijo como si sus manos estuviesen afanadas en algo que le impedía hablar con naturalidad.

—No hay nada que me apremie, sólo quiero sentir tu sonrisa —le dijo él, dándole un timbre meloso a la voz, pero el infiel telefonillo apenas si transmitió esos matices.

El Eslabón Perdido de la Pintura

—Horacio, estoy muy ilusionada —le dijo—. Tráete el folleto, no tardaré en arreglarme —siguió algo nerviosa, un nerviosismo que el pequeño artefacto tampoco supo emitir con nitidez al otro extremo.

Martina también había viajado ya a Italia, pero en Nápoles sólo había pasado algunas horas y el destino de aquella ocasión fue Pompeya. La visita a los restos fue turística, no arqueológica, porque había contratado un viaje en grupo que hizo el periplo típico de Venecia, Roma, Florencia y Nápoles. De la ciudad partenopea poco conoció, y ésta sólo fue como una cabeza de puente para visitar las ruinas.

Tiempo atrás, el mejor gancho de los folletos de las agencias de viaje para Pompeya fueron sus famosas pinturas de burdel, el cartel publicitario más eficaz para esta ciudad muerta. Las posturas pintadas en las paredes hicieron volar la imaginación de muchos españolitos durante la época franquista en que no se consentía ninguna muestra pornográfica.

No tardó mucho Horacio en aparecer por el piso de Martina. Llevaba en la mano hecho un canuto algo más que un folleto, del grueso de una revista. Cuando Martina le abrió la puerta, ya estaba arreglada como para ir de fiesta. Se saludaron con un roce de pómulos suavemente y sin que él traspasara el umbral, optaron por salir a cenar, aunque todavía era temprano. Primero pasarían por una cafetería y beberían algo, mientras hablaban de los detalles del viaje.

—Mira, este hotel de cuatro estrellas está en el centro histórico. Para ir al Museo Arqueológico tenemos que salir a la Vía Toledo, que pasa por delante y nos lleva hasta allí, es la calle más importante de la zona. Aquí se muestra el emplazamiento sobre el plano y una fotografía de la habitación. ¿Qué te parece? —comentó Horacio mientras le mostraba la página a Martina.

—Me parece muy bien —dijo ella, sin más. Le cohibía hablar de los detalles cuando lo que se veía en la foto era una cama en primer término—. Y, por fin, ¿cuántos días estaremos? —preguntó.

—En esta página vienen ofertas de tres días con dos noches o de cinco con cuatro noches. También se puede contratar un intermedio; cuatro días.

Horacio indicó con el índice un cuadro donde se especificaban días, euros y fechas del año.

—Estas letras, HD, ¿significan hotel y desayuno? —dijo Martina.

—Sí, eso es.

—Por la mañana suelo tomarme un simple café con leche y tres galletas.

A él le bajaba desde las pupilas una sonrisa.

—¿Cuál es la aventura que piensas encontrar en Nápoles? De un lado está lo que ya conoces del Museo Arqueológico y del otro estoy yo.

Nada más decirlo, Martina se arrepintió de haberlo hecho porque no era su verdadera intención. Posiblemente no le agradaba esa sensación de frotarse las manos que creía percibir en Horacio.

—¡*Touché*! —dijo él, sin más.

Ella tomó una mano de Horacio para transmitirle calidez.

—Sigamos con lo que estábamos —dijo él pasando su mano libre sobre el folleto, como si quisiera alisarle una arruga. Luego, antes de seguir hablando, sacó un calendario y se lo mostró a Martina—. Si elegimos cuatro noches, pueden ser las de la última semana de marzo, así evitaríamos el fin de semana del Viernes Santo. Eso sería perfecto, porque tú aún tendrías vacaciones el día de la vuelta, ¿no?

—Sí. Las vacaciones comienzan a las doce del miércoles y cogen toda la semana siguiente. Me parece bien del veintiocho al treinta y uno, ambos inclusive.

Sus relaciones sin sexo seguían su curso sorteando obstáculos con naturalidad. Todo transcurría de manera correcta, mientras que los vínculos cada vez se hacían más sólidos. Eso era todo y, al menos Horacio, no necesitaba más. Cualquier tentativa de relación sexual parecía haberse aplazado tácitamente y de común acuerdo hasta la luna de miel napolitana.

A favor de ese viaje historicista, le entusiasmaba lo que supondría analizar en directo aquello que en sus fotocopias en color ya adivinaba con claridad. Aunque mantuviera alguna reserva, el hecho de que Martina se hubiese animado a participar en esa aventura, había cobrado una expectación cargada de incógnitas. Sería como una especie de ensayo sin red.

La primavera de Nápoles les esperaba en el Museo Arqueológico Nacional y Horacio podría valorar los estilos pictóricos que convivían en el año del desastre (la erupción volcánica del año 79 después de Cristo). Él seguía insistiendo en que la importancia de dicha pintura aún no había sido valorada en su verdadera dimensión. Los arqueólogos, desde su prisma, se habían quedado muy cortos en la valoración plástica de lo que se había preservado bajo las erupciones de lava.

Desde mediados del primer siglo, la buena racha cambió para Pompeya. En el año 59 ocurrió una sangrienta contienda en el anfiteatro entre los pompeyanos y los habitantes de Nocera. A consecuencia de ella, Nerón lo clausuró durante diez años. En el año 62 sobrevino un terremoto, de cuyas consecuencias aún se estaban llevando a cabo reconstrucciones cuando sobrevino la erupción del Vesubio, el 24 de agosto del año 79 d. C. Y hasta 1738 nadie había sido capaz de localizar su posición. Todavía hoy siguen las excavaciones y falta por sacar a la luz más de un tercio del espacio habitado.

XXIII

A Horacio, verse pronto en Nápoles le producía una excitación especial, con calles de nombres españoles, como la vía Toledo, la que sube hasta el Museo Arqueológico desde las cercanías del puerto. Su deseo de estar allí y verlo todo había ido en aumento.

—Parece como si para ti ésta fuera una cita con el destino —le había animado Martina.

Hacía veinte años que Horacio visitó el Museo Arqueológico Nacional de Nápoles. En aquella ocasión, sus ojos no buscaban indagar algo especial, se trató más bien de una visita turística que sólo le movió a contemplar las obras expuestas. Aunque algunas pinturas le interesaron por su calidad, su mirada no fue analítica desde un punto de vista histórico. Como la mayoría de la gente que pasa por allí, se limitó a mirar sin posicionarse en el tiempo de manera crítica y sin hacer comparaciones con pinturas posteriores.

Era lógico, la perspectiva aérea o el impresionismo para los ojos actuales son algo cotidiano y no significan nada excepcional si no se pone una fecha. Si en aquella ocasión hubiera aplicado una mirada histórica y consecuente, se habría sorprendido de que esas fórmulas se habían inventado, posiblemente, unos dos mil años antes.

En su preparación para la visita al Museo había recopilado una amplia documentación gráfica y había reunido el mayor número posible de pinturas y mosaicos con calidades sobresalientes. En la enorme mesa que estaba adosada a una pared de su estudio tenía esparcidos libros sobre Pompeya, Herculano, Stabia y el Museo de Nápoles. Todos ellos tenían tiras de papel marcando páginas que indicaban las reproducciones de mayor interés. Sobre las fotocopias de las obras se había basado el estudio de lo que él lla-

EL ESLABÓN PERDIDO DE LA PINTURA

maba el eslabón perdido del arte o, con más propiedad, el eslabón napolitano, y en aquellas imágenes impresas había depositado su tesis.

Los elementos y detalles que Horacio tenía anotados para hincarles el diente cuando hiciese su visita al Museo de Nápoles eran: la perspectiva con sus puntos de vista, los escorzos de cuerpos y de manos, la perspectiva aérea, el impresionismo de las pinturas, el concepto puntillista de los mosaicos (en alguno podría verse la distorsión del color en los rostros, al estilo de Cézanne) e incluso lo expresionista y caricaturesco de algunos frescos.

Aparte de las notas que tenía tomadas de las excavaciones y de los hallazgos llevados a cabo, le había pedido a Claudio datos que él pudiese aportarle. Y hacía unos días que había recibido una carta con buenas notas para su carpeta:

Cuatro años después de que Carlos III se ciñera la corona napolitana —en 1734—, se descubrieron restos arqueológicos. El rey mostró un gran interés y emprendí operaciones importantes. Se extrajeron mármoles de color, objetos preciosos, ajuares y frescos, y todo se fue reuniendo en un sector de la residencia real de Portici, mandada construir para la estancia del monarca, aunque progresivamente este palacio fue adquiriendo las funciones de museo. El hallazgo de una ciudad completa circuló por toda la Europa culta, despertando un gran interés por la antigüedad.

En Roma, las antigüedades habían suscitado el interés de los papas reinantes. Disponer de vestigios tan significativos convertía al rey de Nápoles en un émulo para los pontífices. En 1748, al hundirse el terreno que cultivaba un campesino en Civita, se había hallado una ciudad de la que no se sabía el nombre. En 1763 apareció una inscripción: «*Res Publica Pompeianorum*». Y bajo el control del cuerpo de ingenieros militares y la tutela de Carlos III, se mantuvieron excavaciones en tres yacimientos arqueológicos importantes. Este hombre, equitativo y lúcido, tuvo un papel fundamental en el resurgimiento de la Antigüedad y, en especial, del conocimiento de su pintura.

Para Horacio, la división en cuatro estilos de la pintura antigua, tradicionalmente establecida desde un punto de vista arqueológico, era insuficiente y poco veraz con la realidad plástica. Él lo sabía con solo mirar su colección de reproducciones, eso le bastaba para recomponer esa parte ruinmente considerada por parte de la Historia del Arte.

El tiempo había hecho su recorrido y el día de la salida hacia Nápoles ya estaba ahí. Él recogió muy temprano a Martina para para llegar al aeropuerto de Barajas con dos horas de anticipación. No había querido proponerle pasar la noche en su apartamento de Madrid, aunque así habrían madrugado menos. No le pareció oportuno dormir por primera vez juntos en la cama que tantas veces había compartido con Emérita, aunque ahora, en su ánimo, había aparecido una especie de sentimiento de ruptura con ella, como si el divorcio hubiera sido la causa de su estado actual, no la muerte.

Dejaron el coche en el aparcamiento del aeropuerto para recogerlo a la vuelta y luego facturaron el equipaje y retirado las tarjetas de embarque, así que tenían todavía tiempo para llevar a cabo el ritual de un buen desayuno.

Entre los dos reinaba una calma expectante, como si estuvieran esperando a cruzar la aduana para ver qué había al otro lado. Ninguno sabía bien lo que sentía o pensaba el otro, sólo estaban convencidos de una cosa: el tiempo más próximo lo iban a recorrer juntos.

Sentados, por fin, en la cafetería, Horacio volvió a su tema:

—El movimiento renacentista creó un sistema coherente que hizo convivir al humanismo con la simbología cristiana. —Hizo una pausa para cerciorarse del interés de Martina y luego siguió:— Un nítido ejemplo de ese *convivio* está reflejado en la obra *Amor sagrado y amor profano* de Ticiano, donde una venus celestial y otra terrenal juntas en un cuadro presentan el mismo ideal de belleza.

El Eslabón Perdido de la Pintura

El comentario debió de pillar de improviso a Martina porque se sintió fuera de lugar, sin argumentos no podía darle una respuesta.

Horacio, sin embargo, interpretó que esperaba una conclusión, de manera que hizo una pausa y siguió:

—La perfección que buscaba el Renacimiento con la llamada «Gran Teoría» perseguía la belleza por medio de la proporción de las partes.

El razonamiento se le antojaba fuera de lugar a ella para ese momento, le sonó como un eco y sólo le pareció oportuno decir:

—¿No va siendo hora de que nos acerquemos a la puerta de embarque?

—Antes quisiera comprar un periódico, o algo para leer —respondió él.

—En el avión reparten los diarios del día —le atajó ella en lo que que no se podría entender como un desacuerdo de pareja.

XXIV

«Si yo tengo un higo en una mano y de un zarpazo un oso con la cara de mi padre me lo arrebata... —trataba de recordar Horacio las palabras que el maestro había leído en voz alta de Freud—, ¿tú qué opinarías que significa eso? —le había preguntado».

O algo similar. Se encogió entonces de hombros y dirigiendo las palmas de las manos hacia un cielo borrascoso, dijo: «Eso tiene una clara explicación...», alzó la mano para pedir la palabra y se levantó de su pupitre:

—Que a los osos les gustan los higos tanto como las brevas —dijo—, y que ya han madurado.

—¡No me fastidies! —montó en cólera el maestro—. Los sueños son refritos de nuestros temores. Pon la mano —le ordenó y le arreó un latigazo con un cordón de la luz.

La noche anterior al viaje, Horacio había tenido dos sueños. En el primero había hablado con el mismísimo Freud y en el segundo estaba en la Italia renacentista, su tercera patria después de la griega. En él los humanistas desplegaban su sentido crítico buscando los tesoros artísticos de la antigüedad y él, encaramado en una torreta de mimbre con grandes ruedas, entraba en una gran biblioteca repleta de príncipes y papas. Por las puertas abiertas de par en par aparecieron personajes vestidos de raso y brocados: los Médicis de Florencia, los Gonzaga de Mantua, los Este de Ferrara, los Guarino de Verona... Todos buscaban el eslabón de oro de la pintura antigua occidental.

Al despertar, Horacio buscó la razón del sueño pero no encontró razón alguna de su diálogo con Freud.

EL ESLABÓN PERDIDO DE LA PINTURA

Por lo demás, el viaje a Nápoles transcurrió sin nada particular. Lo único digno de mención es que el vuelo parecía privado por lo pequeño que era el avión y por las pocas personas que iban en él. Tanto fue así que cuando arribaron al aeropuerto, el equipaje lo recogieron allí mismo, al pie de la escalerilla.

Desembarcaron pues sin más novedad y llevaron las maletas en un carrito hasta la zona de los taxis. El que cogieron, empezó a callejear por la ciudad sospechosamente, que más que dirigirse al hotel directamente, el conductor parecía que le daba trabajo extra al taxímetro. Con un plano de la ciudad en las manos, Horacio se concienció de que todo lo que sucediera en Nápoles pendularía en torno a lo imprevisible.

Cuando por fin llegaron al hotel y subieron a la séptima planta del Hotel Oriente, entraron en la habitación y pusieron los ojos al unísono en las dos camas separadas. Él pensó en cómo quedarían cuando las juntara.

Casi eran ya las siete de la tarde, por lo que deshicieron las maletas, se asearon levemente y dieron una vuelta por los alrededores para ambientarse en el entorno. Regresaron pronto a cenar en el propio restaurante del hotel, tan pronto que fueron los primeros en sentarse.

Martina pidió un *risotto* y agua para beber, Horacio una *bacalá* y una copa de vino que terminaron siendo dos. De postre compartieron un *babá* napolitano. El café lo tomaron en la calle. Luego dieron muchas vueltas antes de volver al hotel, tantas como vueltas daban en su cabeza la secuencia del encuentro del uno con el otro que cada uno imaginaba diferente.

En medio de la noche, Horacio se levantó para beber agua y aliviar su boca pastosa y seca, pero antes apartó las cortinas de la ventana y miró las penumbras de la noche.

¿A qué sabe el agua napolitana? ¿Con qué soñarán los napolitanos?, se preguntó absurdamente, inutilmente, y volvió su mirada hacia Martina que dormía. Se le antojó pensar que podría ser una napolitana desconocida.

Por fin entró en el aseo y se contempló en el gran espejo que ascendía desde los dos senos del lavabo. Veía a un extraño de cara hermética que le miraba a sus ojos que no reconocía. Tal vez por las duras sombras de su cara, proyectadas verticalmente por un foco situado sobre el mismo espejo. La imagen no se movió mientras bebía un vaso de agua. No hizo caso a nada más y volvió al lecho.

Martina había traspasando con un brazo la frontera entre las dos camas que habían juntado. Se le antojó que esa postura había permanecido fija todo el tiempo, como paralizada, y que había acariciado la mano horas antes, tres horas antes, al poco de acostarse. Estaba fría, podría decirse que la frialdad se transmitía desde la punta de sus dedos. Sus intentos sexuales le habían resultado forzados, antinaturales y fracasados, y ahora que lo recordaba, le parecía grotesco. Lo suyo había sido lo más parecido a un gatillazo.

Volvió a levantarse, necesitaba mirarse otra vez en el espejo y preguntarse qué había visto bajo aquella dura luz vertical. ¿Por qué ese estado de ánimo tan desarraigado? Ella nada había hecho de especial, se había limitado a estar allí, como abandonada y a su disposición. Recordaba que en los momentos más delicados, de manera inesperada y sorpresiva, una película porno se había colado en el televisor que habían dejado encendido frente a la cama. Se quedaron paralizados frente a unos gemidos que, lascivamente, mimoseaban en italiano.

Martina, aunque tenía los ojos cerrados, se había percatado del insomnio de Horacio, y ahora que lo miraba, era consciente de la intensidad con que sus ojos se clavaban en ella.

—Tengo que reconocer mi frigidez —le dijo ella—. Y espero que tú me ayudes a superarla.

Él se limitó a contestar con un silencio interminable, pero finalmente pudo decir:

—¿Por eso anoche no hubo fogosidad?

—Tendrás que tener paciencia conmigo, esas cosas podremos cambiarlas. Dejemos pasar el día —le respondió.

EL ESLABÓN PERDIDO DE LA PINTURA

Ella pensaba que necesitaría un estimulante. Estaba dispuesta a cualquier cosa, tal vez hachís, algo que le desinhibiera y rompiera la helada barrera que creía que surgía entre ella y los hombres.

—Parecías a punto del orgasmo cuando, de repente, todo se enfrió. Bueno, yo tampoco he puesto mucho de mi parte —le dijo Horacio buscando la mirada de Martina.

—También tenía miedo a defraudarte... —se excusó ella con una voz empañada y poco audible.

Horacio permaneció en un silencio pertinaz y tenso, quería forzar alguna aclaración. Con los ojos la conminaba a continuar. Ella, después de una prolongada pausa, continuó desde el punto en que lo había dejado.

—Espero que se produzca en mí la evolución que siempre he deseado —hizo otra pausa—. Tendrías que estar dentro de mí para saber lo que estoy pasando.

—Ya he estado dentro de ti —dijo Horacio sin evitar la crueldad que implicaban sus palabras.

—Para mí cuenta mucho lo que me dijiste anoche: que habías aprendido a vivir solo pero que preferías compartir tu vida con una compañera, conmigo.

La memoria del desnudo de Martina le recordó a Horacio que no tenía esa cinturita de avispa que tanto le gustaba de su mujer.

La calle del hotel desembocaba en la vía Toledo, un nombre puesto en memoria del virrey Pedro de Toledo. Viendo cómo se desenvolvía la vida aquí, a Horacio le pareció un tanto caótica y supuso que en una ciudad como Pompeya, una sociedad efervescente también bulliría por sus calles con una apariencia de caos similar al de esta vía napolitana.

En la vía Toledo parecía que todo estaba consentido de común acuerdo y él sintió la necesidad de integrarse con la mayor naturalidad. Las motocicletas pitaban sin razón aparente, alguna incluso se apoderaba de las aceras con absoluta impunidad y los peatones ni se inmutaban por ello.

Los viandantes, por su parte, hablaban a voces entre sí, en las amplias aceras, africanos supervivientes del mar extendían sus ilegales mercancías sobre unas mantas que se plegaban en un instante cada vez que recibían el chivatazo de un compinche que avisaba de que la policía fiscal estaba al caer. En otro orden, unas jóvenes con historiadas botas de vaquera y ombligo al aire, se peleaban con unos jóvenes de poses despectivas. Sólo un grupito de hombres de edad conversaban apaciblemente en el centro de la calle, en el tramo peatonal que terminaba uniéndose con la *piazza Comunale*. Pero incluso en ese tramo prohibido al tráfico, de vez en cuando se infiltraba algún vehículo a marcha lenta, sin mucho ruido y dejando que la gente se tomara un tiempo razonable para dejar paso. También los coches de la policía tenían la costumbre de ir de puntillas entre la gente. Lo contrario ocurría en la zona de tráfico, donde su fluidez podría otorgarse a un milagro de la naturaleza urbana. De hecho, se produjo un pequeño colapso cuando apareció la lluvia, pero momentáneo, tal vez por el instinto napolitano.

XXV

En su visita al Museo Arqueológico, tras una primera vuelta, Horacio había podido constatar que allí, más que un eslabón perdido podían encontrarse tres cadenas diferentes: una conservadora, en línea con la pintura más académica; una segunda, constituida por los grandes frescos de paisajes atmosféricos (perspectivas aéreas entre bucólicas y románticas); y una tercera, expresiva y dinámica, populista, intuitiva y vanguardista. Sí, había tres líneas de comportamiento a la que se sumaba una forma de pintar descaradamente impresionista, y no podía entender la razón de los cuatro estilos metódicos que inculcaban los arqueólogos (basados en las características de los zócalos).

Debido a su nerviosismo, Horacio se pateó todas las salas para adquirir una conciencia general sobre lo que podría encontrar en el Museo. Luego se armó de paciencia y fue por partes. Observó entonces cómo la línea académica clásica, en sus formatos mayores, estaba constituida por grandes figuras en primeros términos. En los diversos temas se mostraba el conocimiento anatómico en perfiles de piernas, brazos y escorzos de estos miembros, bien resueltos, ya por una receta académica adquirida o por una toma directa del natural. Los colores estaban bien modelados por gamas de claros y oscuros, tanto en los cuerpos y en los pliegues de las telas como en todo tipo de objetos. Lo más vanguardista de estos frescos era la factura casi impresionista de las pinceladas que aparecían en casi todos ellos, como si esos toques hubieran alcanzado su espontaneidad gracias a la mucha práctica.

Su sobrecogimiento fue mayor ante un grupo de cinco paisajes de enormes proporciones. Era la segunda línea de comportamiento que él había planteado en su tesis. Por sí sola, ésta podría ser considerada como el eslabón de una evolución grandiosa. Allí aparecían primeros términos y términos medios y lejanos, estos últimos envueltos en una atmósfera unitaria, incluso entre brumas. Esto es, estaba plasmada una solución magistral de la perspectiva aérea. ¡Con dieciséis siglos de anticipación al Renacimiento! Y por si esto fuera poco, en estos paisajes al fresco latía un sentimiento muy parecido al de una parte del romanticismo del siglo XIX, entre bucólico y romántico. Aquí, en algunas partes, la pincelada impresionista aún era más descarada, casi parecía amanerada a causa de los largos años en el reiterado uso de esta fórmula de toques sueltos.

El tercero, el más liviano, el de un comportamiento más libre y hasta expresionista (el que para el pensamiento actual sería considerado vanguardista), mostraba todo tipo de costumbres cotidianas, desde bodegones a escenas de alcoba. Era como si esta forma de pintar fuera cosa del pueblo y del dominio público. No se trataba, por tanto, de unas obras aisladas sino de una corriente que constituía una masa expresiva común, llena de desenvoltura y de vitalidad.

Las reflexiones de Horacio no se hicieron esperar. Frente a la parte de la pintura académica «seria», en la que siempre se había buscado un paralelismo con la perfección de la escultura griega clásica, aparecían otras bulliciosas formas de pintar. En ellas se podría hacer referencia a una pintura de moda —o de uso popular y público—, liviana y descaradamente resuelta, a medio camino entre impresionismo y expresionismo. En esa volubilidad, el tratamiento, sin ataduras del dibujo y del color, transmitía un concepto alegre y displicente de la vida. Pensó que haciendo paralelismos se podría decir que entonces se estaba produciendo una pintura hecha tanto por pintores de profesión como por aficionados. Unos y otros habrían asimilado las técnicas impresionistas y las habrían evolucionado hacia fórmulas expresionistas. En esa masa de pinturas «informales», la expresión se hacía libre y de una factura pictórica desconocida hasta ese momento.

Dentro de esa corriente pictórica, le sorprendió ver algunas pinturas caricaturescas de figuras enanas, como pigmeos gesticulantes. Le parecía que esa divulgación plástica pompeyana, con

El Eslabón Perdido de la Pintura

el abandono de compromisos académicos, había tenido una similitud fenomenológica comparable a los movimientos del primer cuarto principio del siglo XX.

Horacio reflexionó y sacó conclusiones: Esa pintura no necesitaba estar hecha por griegos con formación académica, sino que podría estar expresada por romanos —en este caso, pompeyanos— que, sólo en apariencia, hacían sus pinitos en la pintura y que, sin embargo, sus maneras expresivas podrían considerarse una auténtica vanguardia, con el mismo libertinaje de las que se habían producido en el inicio del siglo XX. En este sentido, él no conocía ninguna mención hecha por historiadores o arqueólogos, para él se erigía en una realidad nueva en la contemplación de la pintura grecorromana, un hecho pictórico que no había podido leer en ningún texto de Historia del Arte.

Varias e importantes conclusiones se podrían extraer de esa teoría vanguardista. La primera era que este aspecto de la pintura había tomado un derrotero independiente del de la escultura. Eran especialmente llamativas las obras gesticulantes con pequeñas escenas de género bufo. En contraposición a lo que siempre se había supuesto, consideraba que la escultura en el periodo helenístico y posterior pudo dejarse influenciar por temas abordados en la pintura.

Horacio se decía a sí mismo: «La desfachatez de esa pintura y lo popular que pudo ser entre el pueblo llano, debió de considerarse de un valor mundano y nada oficialista, sobre todo cuando alcanzó rasgos de expresionismo caricaturesco».

Suponía que esa forma de pintar sería denostada por los pintores con formación y técnicas tradicionales o académicas. Suponía tambien que nadie, en ese momento, estaría capacitado para considerar a esa pintura como una vanguardia con sus propios conceptos plásticos. Y la mejor prueba de esa ignorancia la veía reflejada en la nula valoración, y la no mención, que aún hoy no se hace de esa fórmula expresiva.

Toda la teoría que a Horacio le habían suscitado las imágenes que tenía reproducidas en fotocopias de color, con todo aquel conjunto visto al natural, ahora tomaba una dimensión que le producía escalofríos. Incluso la pintura clásica, a pesar de mostrar toques impresionistas y lumínicos, representaba una anatomía normalizada en los miembros, con posiciones y dibujos repetitivos en las articulaciones, en los pies y en las manos. Era lógico: si en un extremo colocaba la frescura de las caras de Perséfone y Plutón —del túmulo de Filipo II— y las comparaba con estas academicistas, de casi trescientos años después, veía claramente que el uso del toque de las pinceladas se había dominado primero y posteriormente amanerado por efecto del mucho uso.

Una vez pasada la euforia de la impresión recibida tras el primer repaso, abrió la carpeta donde tenía fotocopias de las pinturas seleccionadas para su análisis, las más sobresalientes para avalar su tesis. La primera vuelta, global y contemplativa, le había llevado una hora escasa, la segunda, selectiva, le llevaría cerca de dos. Había muchas obras de importancia que estaban expuestas de las que no tenía ficha, como un mosaico de fauna marina, algunos cuadros con figuras, bodegones de gran delicadeza, unos paisajitos con unas gráciles figuras en movimiento (absolutamente impresionistas) y animales de magnífica factura que aparecían enlazados con volutas de vegetales ornamentales...

Fue tomando notas de las obras detrás de sus fotocopias. Cuando terminó la segunda vuelta, se sentó en un banco del Museo para hacer recuento y le sobrevino una decepción al comprobar que, a excepción de los grandes paisajes de perspectiva aérea, no estaban allí expuestas algunas pinturas en las que él había depositado grandes expectativas.

El Museo había abierto a las nueve de la mañana y Horacio había convenido con Martina que la primera visita la haría solo y luego comerían juntos. Se verían en el *hall* del hotel a las dos pero todavía eran las doce y cuarto y estaba un poco cansado. A la hora punta de las visitas había tenido que hacer regates entre masas inquietas de escolares guiados por profesores y bregar entre lentos grupos de jubilados para acercarse a las obras, mientras que algunos, clavados en el suelo, escuchaban como estatuas de sal al guía de turno.

EL ESLABÓN PERDIDO DE LA PINTURA

En fin, sentado en el banco, al lado de una gruesa señora perfumada con almizcle, Horacio miraba las fotocopias de las tres obras ausentes, las que él quería ver por encima de todas las demás, y se preguntaba qué criterio habría seguido la dirección para exponer las piezas. Porque seguro que habría tantas obras en los depósitos como expuestas al público ¿Quiénes harían la selección? Se contestó que la harían los arqueólogos y los archiveros que controlan todos los museos del mundo y no tienen ni zorra idea de pintura. Enojado, se decía que no sabían ver el significado histórico y humano de los valores plásticos, que no veían más allá de la anécdota y de la descripción superficial: «Saturno coge con la mano izquierda al hijo que va a devorar».

Pero no se iba a ir de allí sin averiguar el paradero de las obras que quería ver, estaba decidido, sobre todo las que representaban a un felino frente a una serpiente, a un grupo de portadores en procesión que cargaban un baldaquino con una escena de carpinteros y un bodegón especialmente sensible.

Se levantó del banco decidido a encontrar pistas y fue hacia una oficina que recordaba haber visto a su paso por una especie de claustro. Allí se presentó y, como pudo, explicó el interés que tenía en ver esas pinturas enseñando las tres fotocopias en color que llevaba de ellas. Dijo que era pintor e historiador, que estaba escribiendo una tesis sobre las pinturas del Museo y que había venido a Nápoles especialmente para verlas.

El funcionario que le atendía se esforzó por resolver el asunto e hizo algunas pesquisas. Enseguida vino una joven de la oficina y le acompañó hasta la biblioteca del Museo. Allí buscó la catalogación de las obras: *Felino*, 8795 y *Carpinteros*, 8991. Una de las bibliotecarias le informó que los carpinteros procedían de una *botegleria* en la vía Pompeyana de Mercurio. Con estos datos volvieron a la oficina y allí continuaron las pesquisas por teléfono con la *soprintendeza* y la sección de arqueología.

Al cabo de media hora le dieron el permiso para que fuese acompañado a la sala de la Colección Numismática —cerrada al público—. Allí debía de estar expuesto el grupo de carpinteros. Pero resultó que no era así, en su lugar había una fotografía del cuadro y una ficha que indicaba su paradero. Había estado en la exposición «Eureka», ya concluida, por lo que sería difícil verlo, en el supuesto de que no estuviese embalado.

Horacio exclamó para sí: «¡Erueka, no le encontré!». De vuelta en la oficina, y después de otras llamadas telefónicas y de escribir una solicitud en regla, le dijeron que el del felino sí sería fácil de ver y le citaron allí mismo el día siguiente a las once de la mañana.

Cuando llegó al bar del hotel, Martina ya esperaba sentada leyendo un periódico y tomando un Martini *bianco*. Al ver a Horacio soltó sobre una mesita *El País* y descolgó la pierna cruzada mientras miraba interrogante a su compañero.

—Aquí llega con un día de retraso —señaló el periódico—. Si quieres saber lo que pasó ayer en España, te lo presto. Yo ya lo he leído. Hasta he hecho el crucigrama.

En sus palabras no había un acento de queja, pero a Horacio se lo pareció.

—Me hubiese gustado contar con tu compañía, pero es preferible que hagas lo que más te apetezca en cada momento —le dijo él.

—Tenemos que ser sinceros —habló ella—. Yo estoy hecha a estar conmigo a solas casi todo el día, incluso lo necesito. Me cuesta acostumbrarme a una compañía ininterrumpida, pero sé que acostumbrarse es cuestión de tiempo... También, para intentar cualquier cambio, primero hay que conocer la realidad de la que se parte.

—Comamos y dejemos que todo siga su curso —zanjó el derrotero de la conversación—. No hay que forzar, yo, al menos, prefiero que todo caiga por su propio peso.

El día siguiente, a las once de la mañana, Horacio se personó en la oficina del Museo y se encontró con funcionarios diferentes a los del día anterior, que, por supuesto, no conocían el caso. Iniciaron una nueva ronda de llamadas telefónicas a los fortines de las señoras *soprintendenza* y *doctoresa archeologica*, y al

cabo de un tiempo indeterminado apareció Vittorio, un funcionario que revisó todo el proceso de la mañana anterior y dio fe de
la gestión y de la cita. También apareció la solicitud cursada y
añadió una fotocopia del carné de identidad.

A partir de entonces, Vittorio le acompañaría en las idas y ve-
nidas por los destartalados pasillos y por las tripas del Museo. Primero salieron a la calle para entrar en las dependencias adminis-
trativas, donde fue interrogado por un funcionario trajeado y
con corbata de verano al que Horacio dijo:

—Sólo quiero ver los cuadros, no quiero hacer fotografías,
ningún dibujo, ni nada, sólo ver.

Extrañado por el antojo, el alto funcionario entró en el despacho de la *soprintendenza* —la directora del Museo, a la que no
pudo ver ni oír—, en cuya puerta quedaron a la espera, hablando,
Vittorio y Horacio en un chapurreo de español y de italiano.

—¿Ha publicado algún libro? —preguntó Vittorio.

—He escrito dos libros sobre arte, uno de ellos está publicado.
Digamos que este trabajo de ahora puede ser considerado como
el tercer libro que escribo —contestó Horacio.

—Yo, en realidad, soy psicólogo, pero tengo una vocación: escribo poesía. Trabajo en el Museo para ganarme la vida —aclaró
Vittorio.

El funcionario pulido con corbata salió finalmente del despacho
y les dio un permiso para acceder a los depósitos del Museo. Hu-
bieron de volver a la calle para entrar de nuevo en el edificio, y
huyendo de la corriente turística, avanzaron por un atajo para
funcionarios. Se dirigían hacia los dominios de la *doctoresa archeologica*.

Parecía que la agonía iba remitiendo y la ilusión de Horacio
crecía con cada pasillo que dejaban atrás, con cada ascensor que
tomaban, con cada puerta de despacho que superaban. Resultó
que la *doctoresa* estaba reunida y les hizo esperar casi un cuarto
de hora, pero finalmente salió, era muy menuda y con una corta
melena indomable. Miraba o estudiaba a Horacio desde sus ojillos
parapetados tras unas gafas a lo Ghandi. Se comportó amable-
mente e hizo que la siguieran hasta un pequeño despacho que

más parecía una sala de guardia. Allí, dos vigilantes, con sus etiquetas de identificación colgadas del cuello, charlaban y hacían compañía a una joven que trabajaba en silencio tomando medidas a unos candiles romanos sobre una vieja mesa. Medía con un calibre y luego anotaba y dibujaba sobre un papel pegado a un tablero en rampa sobre la mesa horizontal.

En esta estancia el tiempo se le hizo angustioso mientras esperaba noticias, pero éstas fueron llegando. Resultó que el cuadro del felino con serpiente estaba en Chicago, pero el alegórico de los carpinteros sí podía verse e irían a por él.

Salieron, pues, los vigilantes y pasaron por delante de la puerta con un destartalado carrito, ruidoso para más señas. La espera se hizo todavía más larga y los temas de conversación con Vittorio, de traducción trabajosa, eran cada vez más forzados y se agotaban en cada intento. Finalmente se oyó el famélico carrito traqueteando por el pasillo y lo vio acercarse hasta la puerta, mostraba el fresco de los carpinteros montado sobre un soporte. Horacio recordó la técnica con que se arrancan los frescos de la pared y cómo eran pegados a un soporte que simulaba un trozo de muro.

Su anhelo estaba allí, tumbado boca arriba y sin sujeción alguna al carrito que lo transportaba, sobre la dura chapa y en un entorno que le pareció poco digno. Lo habían transportado por el pasillo dando saltitos sobre su espalda, algo que le pareció poco recomendable. Pero lo cierto es que estaba cerca y él lo seguía con sus ojos mientras lo depositaban en otra mesa gemela de la de los candiles. Finalmente, apartando papeles y otros pingos, el muerto fue depositado en horizontal para ser analizado por el forense, Horacio. Ante él, ciertamente obnubilado, pensó que la comprensión de lo que ven nuestros ojos es el mejor diálogo de la razón.

El cuadro medía aproximadamente ochenta por setenta centímetros. En la esquina inferior de la derecha había un fragmento perdido y simulado por una restauración puntillista. El lado izquierdo también estaba perdido y cortado. La composición contaba con tres personajes que portaban un baldaquino en el que, de menor tamaño, se desarrollaba una escena formada por unos niños que ejercían labores de carpintería. Era una alegoría. Al lado de los carpinteritos se representaban las imágenes de Minerva y de Dédalo yacente; niños y dioses componían el grupo alegórico de pequeñas figuras. Los cuerpos de los chiquillos y las divinidades respetaban entre sí sus proporciones humanas, sin embargo, la altura de los portadores era casi cuatro veces mayor que los dioses y más de cuatro que los niños, lo cual convertía a las figuritas sobre el baldaquino en miniaturas. El ritmo de marcha estaba representado de manera magistral, se percibía el efecto de la carga sobre los hombros, y hasta se apreciaba la sutileza del menor tamaño en el portador del ángulo del baldaquino más alejado del ojo.

Horacio agachó la cabeza aproximándose por encima del cuadro y se puso las gafas de leer para ver las imágenes con minuciosidad. Se echó encima literalmente de él y se esmeró al mostrar con el índice los detalles que iba comentando con apasionamiento:

—Estas piernas están dibujadas como retratos, no con el librillo de anatomía academicista, sino con sus fisiologías individuales. No muestran las formas típicas academicistas, están pintadas como del natural, con la sencillez equilibrada de una mente velazqueña.

Luego subió sus ojos hasta las caras de los portadores del baldaquino. Los otros portadores vivos, allí presentes, los que habían traído el cuadro dando saltos en el carrito, miraban aburridos desde sus sillas y oteaban de reojo las manecillas de un reloj colgado en la pared esperando a que llegase la hora de irse.

—Ocurre lo mismo con los retratados —el forense siguió su recorrido visual y verbal—. ¿Y las manos? Siempre se ha podido detectar a los maestros por las manos; los grandes nunca fallan en las manos —señaló con el índice una de ellas—. Esta está pintada sin dibujo previo, con una ligereza y una sencillez genial, la hubiera firmado un realista del siglo XIX.

Había una cuarta mano que llevaba una vara, al igual que los tres portadores visibles. Aparecía del lado cortado, a la izquierda; lo cual indicaba que eran cuatro, lógicamente, uno por cada esquina del baldaquino. Se imaginó que éste no sería el único personaje que se había destruido, de hecho, lo más probable era que el cuadro sólo fuera una parte de un friso plagado de vida y maestría.

Horacio se deshacía en elogios y comentarios como si hablase ante un público hispanoparlante y entendido. Vittorio estaba de pie a su lado, la joven parecía ir a lo suyo y los vigilantes, impertérritos desde sus posiciones, sólo aportaban su silencio. ¿Quién podría saber lo que estaban pensando sobre el incompresible discurso de Horacio para ellos? Podrían conocer el español, pero el significado del discurso humano-plástico que escuchaban no serían capaces de entenderlo jamás.

Quienes aguardaban sentados en aquel despacho, podrían calcular el tiempo que Horacio llevaba mirando y remirando la obra, pero para él sería imposible decir si llevaba cinco minutos o media hora, hecho, como estaba, un cuatro en su agazapada postura ante el cuadro. Cuando al fin se sació de la contemplación y su euforia se fue apaciguando, se enderezó ayudándose con las manos puestas en los riñones. Luego hizo una fotografía sobre la que nadie le puso objeciones. Y por fin se despidió de los presentes con efusividad y, acompañado por Vittorio, buscó a la *doctoresa* para mostrarle su infinito agradecimiento y salir a la calle. Eran cerca de las dos y tenía que volver al hotel, allí había quedado con Martina.

En Nápoles amanecía mucho antes que en Toledo. A a las cinco y media la luz ya se colaba entre las cortinas opacas del ventanal. Las camas habían vuelto al metro de separación original y así permanecieron el resto de sus días.

Por la mañana, ella se había levantado muy temprano, a las siete y media ya se había duchado y retocado las ojeras. A esa hora, Horacio ya se había marchado.

Salió solo a la calle y se puso a callejear sin rumbo fijo. Pasó por la iglesia del Jesús Novo, luego buscó la catedral y se adentró por viejos callejones —tenía tiempo hasta las once—. Le parecía que el abandono había hecho presa en ellos. Al cruzarse con la gente, observó las peculiaridades de las caras y recordó algo que ya había pensado reiteradas veces, que cada individuo tiene su retrato particular. Y que los rostros no son las únicas variantes posibles de retratar, porque a los cuerpos les pasa lo mismo, no hay dos iguales. Andando por la calle, incluso podía dibujar en su mente las formas y deformaciones que adivinaba bajo las ropas de los viandantes con que se topaba.

Por su parte, Martina también salió temprano. A las ocho y media volvió al hotel para tomar el desayuno. Tenía apetito, andar sola por las solitarias calles le había devuelto el ánimo y se había reconfortado consigo misma. No subió a la habitación cuando hubo terminado y volvió de nuevo a la calle. Esta vez tomó una dirección opuesta a la anterior. A las diez y media, por su cuenta, ya se había dado una vuelta por el Museo Arqueológico. Hizo su propia visita sin cruzarse con Horacio. Después volvió al hotel y paseado sin dejar de mirarlo todo, especialmente a los jóvenes que le parecía que tenían cara de vender hierba. Jamás la había fumado. Y si ahora fuese la primera vez...

No podría decir de dónde sacó el valor suficiente para adquirirla pero lo hizo, ni la inexperiencia en esos prados ni su natural timidez evitaron que aprovechase la oportunidad que se le cruzaba.

Luego se dirigió al hotel y en compañía de su Martini, se puso a esperar a Horacio. Desde su primer mediodía en Nápoles se había habituado al dulzor del vermut blanco y a la especie de calentamiento que le producía en el cuerpo. Allí sentada, observó cómo Horacio se acercaba y creyó ver una lucecita en sus ojos.

—Era cierto —le dijo él sin más preámbulos—, se necesitan ojos nuevos para ver aquellas antiguas formas de pintar. Parece como si los ojos de aquellos pintores buscaran ver de una manera parecida a como vemos ahora.

Sus palabras connotaban una enorme trascendencia para él.

—¿Te han enseñado los frescos que querías? —le preguntó Martina cuando se sentó a su lado.

—Me ha costado esperar y dar volteretas de impaciencia, pero al final ha merecido la pena —le contestó—. Estoy entusiasmado. Hasta que no he tenido el cuadro de los carpinteros ante mis ojos, no he podido saber lo importante y lo bien que podía pintarse en aquella época. ¡Ha sido una experiencia reveladora!

Horacio se mostraba eufórico y risueño. Ella ni siquiera le dijo que había estado en el Museo.

—¿Esa pintura te ha parecido más importante que los paisajes de perspectiva aérea que me dijiste ayer? —le preguntó.

—Sí, tal vez en otro ámbito. Necesito meditar sobre todo lo visto, sacar conclusiones. Como te dije ayer, yo diría que hay tres frentes pictóricos, tres particularidades que, vistas en directo y por separado, merecen la consideración más elevada para la Historia del Arte —hablaba nervioso Horacio, atropellado.

—¿Te reafirmas en esa idea? —Martina, sonriente, se mostró curiosa.

—La primera está clara: una pintura equiparable a los planteamientos clásicos de la escultura que podría ser semejante a la imagen que pretendían seguir los pintores renacentistas del Cinquecento. La segunda, por sí sola, podrían ser los paisajes con perspectivas arquitectónicas, pintados con una clara interpretación atmosférica de las distancias; una perspectiva aérea que sólo se logró a partir del XVI, aunque en este siglo no se hizo con tanta ligereza y descaro. La tercera es la que más me da que pensar, es la más compleja de entender por sus desinhibiciones; tal vez por ello la más moderna y vanguardista.

Horacio puso cara meditabunda, aunque sus ojos seguían los movimientos centrípetos del Martini con la copa cónica de Martina. Era el tercero que le animaba el cuerpo y lo agitaba en redondo, del mismo modo que había visto hacer a Horacio con el Chianti la noche anterior.

—¿Te apetece comer en el hotel o nos vamos a una *boteglería*? —le preguntó ella con un tono que pretendía calentar el ambiente.

Durante la tercera y la última noche, entre ambos reinó una reiteración de silencios, aunque toda la frialdad la puso Horacio. Fue como si, deliberadamente, quisiera cambiar las formas. Conocer la frigidez de Martina debió de producirle un clic en su cerebro, por más que ella estaba ciertamente animada, riéndose como una bobalicona y sin causa aparente. Parte de esa esperpéntica alegría era producto de lo que había fumado.

Lo cierto era que la relación se había ido haciendo cada vez más difícil. Todo el día siguiente y el de la vuelta habían estado plagados de situaciones difíciles de esquivar y de frases construidas para evitar cualquier atolladero.

—«¿Qué piensas cuando me miras? —le hubiese gustado preguntar a Martina—. Si tuviese que describir tu mirada, diría que está hecha de hielo y pedernal».

Horacio inició un discurso que tenía mucho de disculpa:

—No somos dueños de nuestras reacciones más íntimas. Es como si no conociésemos lo que nuestro otro yo es capaz de decidir, y sin contar con nosotros mismos, se aparta de todo razonamiento. Esa otra personalidad decide sin reflexión y, como si no hubiese otra salida, toma su camino maquinalmente.

Pretendía continuar buscando alguna otra explicación pero pensó que se iría enredando con sus propias palabras cada vez más.

—No te compliques, no es necesario —dijo ella.

XXVI

—El Romanticismo, es decir, el espíritu romántico, se fue adaptando al sentir y al pensar de los tiempos. A mediados del siglo XIX, haciendo frente a la expansión de la burguesía y del capitalismo, el mundo romántico sufrió una metamorfosis —decía Hipólito en animada tertulia.

—En esos años, cuando se divulgó el *Manifiesto comunista* de Karl Marx, ¿sabes cómo reaccionaron los artistas? —dejó la pregunta en el aire Claudio.

—Cuando las clases obreras fueron tomando conciencia de los cambios sociales, los artistas hicieron otro tanto —participó Horacio.

Una conversación a tres bandas es casi perfecta, sobre todo si se desarrolla en torno a la mesa de una cafetería. Dos pueden caer en el compadreo, pero a tres bandas, siempre hay alguno que discrepa o pretende hacer de juez de turno.

—En el siglo XIX el artista decidió ser diferente —siguió Horacio.

—Un sentimiento progresista crecía y se prolongó hasta principios del XX —apuntó luego Claudio, e Hipólito dio la tercera puntada:

—Sin embargo, el movimiento literario y artístico más significativo fue la nueva poética. Baudelaire influyó en el arte de ese momento mucho más de lo que se suele imaginar.

—Sí, de ese sentimiento de amargura indescifrable nacieron «las flores del mal» de todas las artes —profirió Claudio, saltándose un turno no preestablecido—. En esos años, los periódicos con sus fotografías pasaron a ser del dominio público.

Horacio oyó aquella referencia sobre la fotografía y se le dibujó una mueca en su rostro.

EL ESLABÓN PERDIDO DE LA PINTURA

—Se puede decir que en 1888, con una exposición fotográfica (cuando la fotografía se hizo popular gracias a los periódicos y a las ediciones del desnudo de mujeres en postales), se acabó con la visión subjetiva de la pintura realista. El objetivo de la cámara decía cómo era la fría realidad, sin interpretaciones, exacta, instantánea...

Horacio, a la vez que soltaba su conclusión, mostró su vehemencia dando un pequeño manotazo sobre la mesa. Luego apuntilló:

—¡Ahí se cerró el ciclo occidental de la pintura realista!

La conversación se desarrollaba en una cafetería madrileña de la calle Fuencarral. Horacio se había citado allí con Claudio para luego acudir al estreno de una obra de teatro. A su amigo le habían regalado cuatro invitaciones, y pensando que iría Martina, había dicho a Horacio que disponía de dos. Horacio, sin embargo, había invitado a Hipólito, y los tres ahora estaban esperando a la cuarta invitada, otra amiga de Claudio.

Cuando llegaron, Horacio le dijo a su amigo, sin más explicaciones, que Martina no parecía encontrarse muy animada. No le pareció oportuno decir nada más, así que le había presentado a su amigo:

—Este es Hipólito, de quien ya te he hecho mención en varias ocasiones.

Aquella tertulia se cortó de raíz a la llegada de Carmela, la amiga de Claudio. Era guapa, morena y madura. Sus ojos y sus ademanes parecían estar hechos para dar órdenes.

—Carmela, estos son mis amigos Horacio e Hipólito —se levantó Claudio cuando ella se acercó a la mesa.

—Hola, ¿me esperabais con impaciencia? —dijo a modo de saludo—. En Madrid no es fácil llegar con puntualidad al centro, yo vengo de un extremo. ¿Nos queda tiempo para tomarme un café con vosotros?

Estaban todos en pie y Horacio hizo hueco para que Claudio colocase una silla que había cogido de la mesa de al lado. Se sentaron todos, ella entre Claudio y Horacio.

Para éste sólo había dos clases de perfumes: los que le embriagaban y los que le producían náuseas, y el de Carmela emanaba una fragancia incalificable para él. Poco tardó ella en dar muestras de encontrarse como pez en el agua, rodeada de hombres a los que poder encandilar con sus maneras de propagar su feminidad.

—Pensaba que en esta cita habría otra fémina... —dejó caer.

La afirmación era una pregunta implícita que requería contestación. A Horacio se le había atragantado la respuesta o no quiso dar ninguna, así que fue Claudio quien la dio.

—Martina, la amiga de Horacio, se encontraba indispuesta —fue la interpretación que Claudio había hecho de lo que Horacio había dicho a su llegada.

De la razón por la que estaba allí Hipólito no se dijo nada, ni siquiera algo como que le había encantado acompañarlo porque le entusiasmaba el teatro experimental.

De regreso a Toledo, tras un largo recorrido en silencio con Horacio al volante, Hipólito hizo un comentario sobre Carmela.

—¡Qué manera de apisonar!

—¿Qué clase de perfume era el que llevaba puesto? —se limitó a decir Horacio, y tras otro largo silencio, siguió la prédica—: ¿Qué impresión te ha causado mi amigo Claudio? —Otra pausa—. Es un hombre muy puesto en Historia.

—Te doy la razón —contestó e hizo otro compás de espera antes de continuar—. Me hubiese gustado seguir hablando con él y oír su opinión sobre lo que pasó en la transición del XIX al XX.

Entre lo que decían el uno y el otro se producían largas pausas, como si ambos quisieran hacer que corriera el tiempo.

—Hoy se habla poco del mundo victoriano —dijo Horacio pausadamente—. Aquella burguesía tan creída hizo lo suyo... Con su hipocresía aristocrática y su doble moral.

Conducía muy despacio. Ir al volante de madrugada le resultaba más cómodo por el escaso tráfico.

—En esa burguesía se era puritano puertas adentro y libertino lejos del hogar.

En las palabras de Hipólito no había ninguna intencionalidad, pero eso no es lo que le pareció a Horacio. Se había vuelto un poco quisquilloso por si aparecía el tema de Martina.

Hipólito nunca había tenido un enfrentamiento con Horacio, al menos no abiertamente, pero en ese momento se sentía defensor de Martina.

—En la época victoriana apareció la producción en serie —dijo Horacio.

—¿Tú sabes que un objeto seriado, como lo es un urinario, por ejemplo, puede ser utilizado como una expresión artística?

Era evidente que Hipólito se estaba refiriendo al urinario de pared que Marcel Duchamp tituló *Fuente*.

—¿Dudas de que yo esté empapado en eso, aún sabiendo la admiración que le profeso a Duchamp? Andas un poco errático conmigo —le contestó Horacio.

El silencio se hizo plomizo a partir de este instante, pero Hipólito cobró ánimos aceptando que se trataba de un combate encubierto.

—Pretendía decir que con el objeto como pretexto, el artista manipulaba el motivo de su discurso estético.

Hipólito había subido un poco el tono con intención de hostigar.

—En este preciso momento no sé a dónde quieres llegar.

Horacio no tenía por costumbre el perder los estribos pero estaba a punto de hacerlo:

—Estoy hablando de la pintura liberada, de objetos que se pegan y de goteos y chorreones, cosas que, a veces, también haces tú. En resumen, hablo de las utilizaciones que algunos artistas hacéis.

En esto estaban, y en los plomizos silencios, cuando ya se adentraron en Toledo, en la plaza donde siempre se apeaba Hipólito. Abrió entonces la puerta, y bajándose abruptamente del coche, se despidió diciendo:

—El artista se enfrenta a un mundo hostil.

Dicho lo dicho, desapareció de la vista de Horacio, que miró hacia atrás por los retrovisores y ya no pudo verlo. Había desaparecido como por arte de magia por un punto ciego.

A Hipólito le azuzaba mucho la curiosidad y anhelaba que Horacio le contase las razones de su separación de Martina, pero Horacio no tenía la intención de tratar ese asunto con nadie. No podía dar razones por las que el distanciamiento se había impuesto de una manera tan rotunda. La irracionalidad afectiva se había instalado en su cabeza y ni siquiera buscaba la razón o una justificación propia de él, como que entre algunas personas se interpone un sentimiento de incompatibilidad y que viéndonos desde fuera, cualquiera podría haber dicho que eran incompatibles.

Cuando Horacio abrió la puerta de su casa, ya estaban al caer las tres de la madrugada. Sobre la mesilla de su alcoba aún estaba sin abrir la correspondencia. Había olvidado que por la mañana dejó allí tres cartas: una del banco, otra que le ofrecían el regalo de un apartamento en la playa y la tercera que venía de Madrid, del artista Valdecoz. Pensó en lo último de su producción: primero se había dedicado al arte conceptual de forma genérica, y después a las instalaciones de forma categórica. Entre Valdecoz y él siempre se produciría una polémica discusión. Y con ellos se enfrentaban dos círculos artísticos antagónicos.

—Mira, Juan —le había dicho Horacio en una ocasión a Valdecoz—, no tengo ningún inconveniente en proseguir esta conversación pero por ahora ya basta. Tú me escribes a mí con tus convicciones y yo te contesto con las mías, así todo quedará reflejado sobre un papel.

No esperaba recibir al cabo de tres semanas una misiva de él, así que encendió la luz de la mesilla, se sentó en el borde de la cama y desdobló los dos pliegos que contenía el sobre. Desde luego no pensaba ponerse a leer el contenido a esas horas, pero sus ojos se detuvieron en un párrafo: «Los artistas pop, con su cinismo, reconocieron que la pintura había perdido el monopolio de las imágenes».

XXVII

—La Historia del Arte puede estar escrita de muchas maneras, pero lo que no varía nunca es que sobre cualquier obra se debe analizar todo: desde la epidermis hasta la circulación sanguínea —le había dicho Horacio a su amigo Claudio—. Para escribir el último periodo de la historia del arte hay que tener en cuenta que el eclecticismo es un fenómeno que se viene produciendo desde los treinta últimos años.

La carta de Valdecoz le pareció una sarta de incongruencias que le había producido la misma reacción que si le hubiesen espolvoreado pimienta en los ojos. No tardó mucho en contestarla:

Querido Valdecoz:

Hoy me he levantado con ganas de contestar a tu carta. No sólo lo hago para aclararte las turbiedades que tienes. Me gustaría que entablásemos una confrontación dialéctica para abordar lo que cada uno piensa sobre tendencias referidas al arte y al mundo que lo circunda. Por otro lado, como las afirmaciones no siempre se ajustan a los hechos, propongo que, en cuanto sea posible, nuestras afirmaciones sean respaldadas por documentos gráficos.

El otro día decías que los artistas como tú, los que representáis el momento del arte actual —sin que especificaras tendencia alguna—, vais abriendo caminos sin hacer prisioneros. Yo creo que esa conducta es propia de artistas que, buscando lo fácil, sólo hacéis instalaciones. Esa manera de hacer arte es nefasta cuando, detrás de ese montaje, no hay más que espectáculo y truculencias.

Estáis bien dispuestos para colgaros etiquetas vanguardistas y utilizáis la ignorancia ajena para reafirmaros y, sin embargo, violáis la libertad de expresión que tanto prostituís con el «todo vale»; sería más honesto decir que todo «puede valer». Lo único que hacéis es un refrito reutilizando lo que ya se hizo en los sesenta primeros años del siglo pasado.

Espero poder leer tu próximo movimiento como si se tratara de una inmisericorde partida de ajedrez jugada por correo.

Horacio.

La carta estaba escrita y dejada sobre la mesa de su estudio lista para ser enviada. Esa misma mañana entró en un sobre y tomó su destino.

Pasaron seis días antes de recibir noticias de su adversario, y como presentía Horacio, llegaron por teléfono.

—¿Eres Horacio en persona? —dijo Valdecoz sin más ni más.

—Has tenido suerte de que así sea, estaba a punto de tomar las de Villadiego. Me voy ahora mismito para Madrid. Supongo que has leído mi carta y que estás dispuesto a dar una contestación —le dijo Horacio haciendo una mueca invisible para Valdecoz.

—Tú no estás mal de la cabeza, yo diría que más bien estás fuera de órbita. ¿Pretendes escribir un capítulo del arte a mi costa? Me desagrada escribirte de la manera que tú pretendes.

Estaba claro, Valdecoz le había llamado para replicarle, pero no dedicaría ni un segundo a evidenciarse por carta.

—Ya me temía una estampida —quiso zaherir Horacio.

—Mi carta fue una cortesía comparada con la tuya —dijo Valdecoz—. Déjalo estar... de momento, espérame en tu cielo —y Juan colgó su fusil.

XXVIII

Como profesional y como *amateur*, Horacio tenía pendiente una visita al Museo Guggenheim de Bilbao. Iba predispuesto en contra: «Existe un comité internacional para museos y colecciones de arte moderno, el CIMAM. Tiene la función de velar por la ética en el sector de los museos contemporáneos. ¿Qué está fallando? En estos asuntos, nunca es oída la voz de grupos de artistas independientes. Un sector de artistas, conectados por Internet, podría opinar sobre lo que se expone en los museos de arte contemporáneo».

Del exterior del Museo opinó: «Titanio refulgente adaptándose a la carcasa de una escultura descomunal. Es como un remedo de escultores vanguardistas de los años treinta: desde Boccioni, a Zadkine». El edificio le pareció desfasado como escultura. Pero, como arquitectura funcional, no podría saber cuál era su eficacia hasta que no deambulara por su interior.

Nada más entrar detectó un síndrome de gigantismo. Las proporciones del *hall* tenían aspiraciones faraónicas y se imaginó a los *Colosos de Memnon* sentados en aquel espacio. En su lugar se elevaban tres remedos seriados de la *Venus de Milo* decapitada. Cubiertas por un rojo de pintura para suelos de garaje, aquellos remedos mostraban una especie de cubismo trasnochado. ¿Qué intentaban decir esas venus lisiadas? Muchas bocas iban un poco abiertas, sin ver, pero todos los ojos se esforzaban por entender la intención de lo que miraban.

En las salas expositivas advirtió una fusión aceptable de conceptos museísticos, pero le dolía que en las exposiciones de los museos contemporáneos, los representantes del Estado pudieran consentir el tráfico de influencias del mercado del arte. Él había estudiado la evolución ideológica que se había producido en los museos y era evidente que en los años ochenta se había logrado una afluencia masiva de visitantes, gracias a fórmulas que algo tenían que ver con el espectáculo.

Tras la vuelta de Bilbao, Horacio estaba a punto de cerrar su tesis y escribir sus últimas conclusiones sobre los fundamentos estéticos occidentales. Pero, desde su vuelta de Nápoles, no se había encontrado motivado para centrarse en esa labor. Pensó que debía volver a imponerse una rutina de trabajo, un tiempo diario para pintar y no dejarse llevar por ninguna cuesta abajo. Así que dictó sentencia: volver a pintar le ayudaría a revivir. Del trauma de su relación con Martina se iba recuperando, pero le faltaba reconquistar su soledad.

Se prometió seguir un horario estricto. Por la mañana escribiría hasta las once o doce, luego se enclaustraría en el estudio para enfrascarse con la pintura. Por la tarde volvería con la pintura hasta saciarse. Sólo buscando sus fines íntimos podría llegar a ser la punta de lanza de sí mismo. Poca gente sabría decir de sí mismo el lugar que ocupa en la pirámide humana. Horacio no estaba en ello, pero no le faltaba autoestima, sabía que jamás daría por concluida su evolución personal.

Cuando se paraba a pensar, miraba por la ventana de su estudio. Ese reducido paisaje urbano le acompañaba en sus pensamientos: un tejado peraltado y octogonal a la derecha, otro rectangular a la izquierda y, entre ambos, la punta de un ciprés que parecía indicar la dirección de su propio infinito. Esos tejados eran los sombreros de un convento y una iglesia juntos; sus muros, ciegos de ventanas, eran mudos tapiales de mampostería. Sólo las luces y las sombras, pintadas por la hora del día o de las estaciones, prestaban las variantes en aquel paisaje íntimo. Algunas veces, el vuelo de los pájaros estacionales le ponía la mente vaporosa; y las nubes, cuando aparecían dibujando decorativas volutas, eran como una vaga evasión para sus pensamientos.

El Eslabón Perdido de la Pintura

Se había puesto unos pantalones de más abrigo, ya había que prescindir de la ropa veraniega, y al meter las manos en los bolsillos había tocado un objeto metálico, el llavín del apartamento madrileño que quiso dar a Martina.

—¡Tanto tiempo buscándola desde el día en que se la ofrecí y ahí estaba!

Ella la negó tres veces y acertó.

Se sentó ante la ventana de su estudio con la llave calentándose en su mano, mientras miraba la punta verde del ciprés y a la vez pensaba que la realidad terminaba por imponerse. ¿Las realidades de Sócrates estaban por encima de los idealismos de Platón? En esos dilemas se había sumergido la Historia tras la época griega, en el triunfo de lo milagroso sobre la razón. Hoy, en gran medida, el mundo vivía de los logros de Occidente, de los idealistas y de los relistas.

Él, que sentía los fundamentos del occidentalismo, se preguntó de qué modo se adaptaron los principios culturales occidentales en el centro y en el norte de Europa. Sabía que la media intelectual y cultural de centroeuropeos y nórdicos era elevada, pero no estaba seguro de que sus instintos plásticos hubieran evolucionado sobre el occidentalismo nacido en el Mediterráneo. Se reafirmaba también en las cuentas que ya había hecho Nietzsche: «El imperio romano fue una obra enorme que consistía en una conquista para una cultura que tiene tiempo por delante».

Pensaba también Horacio que aún tendría que transcurrir más de un siglo para que la cultura unificara a las diferenciadas partes de un mundo dividido. Se decía que la cultura, gracias a las artes, podía ser el medio por el que se unificara toda la Humanidad.

XXIX

La amistad con Hipólito siempre había sido de las de echarse la mano por encima del hombro.

—No sé si se está enfriando mi entusiasmo por la pintura —le había dicho Horacio a Hipólito.

Éste fue el arranque de una de las últimas conversaciones que ambos habían mantenido, porque unos meses después, a Hipólito se le presentó la muerte a traición. Y ahora Horacio estaba solo y hablaba solo. De vez en cuando se hacía acompañar por Emérita trayéndola desde su memoria: «Su carita iba caminito de la muerte, todo anunciaba su fatídico futuro. Aun así, sus ojos, cuando se paseaban por mi cara, aún me querían». Habían convivido como buena pareja sin hijos durante muchos años en aquel caserón.

Ya había experimentado Horacio la vida en soledad. Incluso había llegado a cogerle cierto gusto. Pero la realidad era que, en el fondo, su soledad era como una obligación a la que tenía que adaptarse. Gracias a que pintar siempre había sido su principal necesidad, estaba convencido de que podría prolongar su forma de vida hasta cualquier edad que le tocase vivir. La duda sólo le abordaba cuando pensaba en la dedicación de otros artistas, como el afanoso vivir de Pollock y su final, mitad autodestrucción y mitad accidente. De él pensaba que fue un pintor que había finalizado su proyecto con un éxito que ni él mismo se esperaba. Posiblemente no se creía capaz de seguir evolucionando. El chorreo sobre el cuadro, para él, pudo terminar siendo una pintura sin evolución posible.

El Eslabón Perdido de la Pintura

Una tarde, en una ocasión en la que Hipólito visitó a Emérita, ya postrada en el lecho, quiso alentar a Horacio sobre su proyecto artístico y su importancia.

—Tu manera de hacer pintura nunca ha creado espectáculo. Eso, aunque puede ser negativo para los tiempos que corren, no debe serlo para que se impongan tus fundamentos.

—Mi modelo puede considerarse un eclecticismo en el que se entrelaza principalmente la abstracción con el surrealismo. En ese proceso es muy importante la evolución.

—Cuando en un cuadro aparecen porcentajes de abstracción y expresionismo, o de otras bases artísticas a la vez —siguió Hipólito, que se había propuesto animar a su amigo—, lo importante es la creación de una nueva fórmula expresiva. El eclecticismo es una virtud.

—Siempre se ha pintado con los mismos fundamentos artísticos —le contestó Horacio—, pues sólo existen seis bases expresivas. Esas bases mezcladas pueden ser válidas para todos los movimientos artísticos y para todos los individuos.

—Deberías escribir un estudio sobre esa teoría con referencias y ejemplos. De ese modo, *El jardín de las Delicias* del Bosco quedaría incluido en el surrealismo... —meditó en voz alta.

—¿Escribir un libro sobre esa teoría? —se preguntó a sí mismo Horacio al mismo tiempo—. ¡Con la enumeración de esas seis bases expresivas sería suficiente! Un día lo escribí en un folio que hice para repartir entre los alumnos en una charla que di en la Universidad. Espera, que te voy a dar una copia.

—No es necesario que ahora andes revolviendo papeles.

Pero Horacio no hizo caso a y al poco apareció con un folio en la mano para entregárselo a Hipólito, que leyó en voz baja:

«Los principios expresivos naturales son seis y con ellos se pueden entender mejor todos los movimientos artísticos. Sólo en el siglo XX se contabiliza más de un centenar de movimientos artísticos, todos nacidos de entre esas seis bases y sus mezclas, o sea, de sus eclecticismos.

La lista de bases para la expresión plástica puede resumirse en: realista, geométrica, surrealista, expresionista, abstracta

y conceptual. *Todos estos principios siempre han estado la-*
tentes en el ser humano, aunque el abstracto y el conceptual,
de manera aislada e independiente, aparecieron a finales
del siglo XIX y principios del XX».

—¿Cómo se puede aplicar tu teoría para todo lo que ocurrió en
el siglo XX? —preguntó Hipólito.

—Entre todas las vanguardias del siglo no se inventó ninguna
base expresiva nueva —contestó Horacio—; incluso el conceptua-
lismo ha estado implícito en todos los sentimientos estéticos
desde siempre. En el presente se está demostrando que la mezcla
de principios, al igual que el de las personas y etnias, es una buena cosa.

XXX

Horacio se decidió finalmente a escribir una conclusión definitiva para la tesis sobre el eslabón perdido en la pintura.

—¿Qué podría hacer con el trabajo de esta tesis? —preguntó a Claudio cuando lo hizo.

—Publicarlo —contestó simplemente.

—Son cuarenta folios... —le intimidó su brevedad.

—O escribes cien más para editar un libro —le propuso su amigo—, o lo resumes en cuatro para que te lo publiquen en revistas especializadas. La segunda opción es la más fácil, pero puedes intentar las dos cosas.

Después de esta conversación con Claudio, Horacio se decidió por que su tesis quedara reflejada en un sucinto resumen que, vuelto a resumir, pudo publicarse a duras penas en una revista de esas culturales subvencionadas y de escasa difusión. Su idea a seguir se centraría más adelante en escribir un libro. De momento, todo seguiría igual, porque el mundo al que pertenecía Horacio no era suficientemente visible.

De todos modos, publicada su tesis, constató que no había servido para nada. Unos meses después ya sólo pensaba que, de momento, sólo a él le sería de utilidad para palpar esa oscuridad que nos obliga a buscar con las manos por delante, tanteando como las antenas de un insecto.

Él no necesitaría mucho tiempo para volver a sus proyectos de siempre, a su pintura. Su capacidad de adaptación, o de regeneración, siempre había sido un arma eficaz. Se diría: «¿Ilusión? El milagro más importante es nuestra capacidad de generar sentimientos».

—¿Por qué a un borracho se le soporta una conducta grosera? —preguntó Horacio en cierta ocasión a Claudio, procurando que su lengua no rebotase en el paladar.

—Todo el mundo tiene miedo a enredarse con la tela de araña que es una borrachera —le contestó su amigo, que había bebido menos.

Estaban en su apartamento madrileño y Horacio se levantó para ir al aseo. Se les había acabado ya el vino tinto y habían empezado con una botella de bourbon.

Claudio advirtió la inseguridad en los pasos de Horacio, y cuando volvió, se levantó de su asiento.

—Yo por hoy ya he tenido bastante, mañana me toca una clase a las diez —dijo estirando piernas y brazos.

—Te acompaño un rato —le siguió Horacio—. Así, de paso, respiro el aire contaminado de la calle.

Por todo lo que había bebido hasta la caída de la tarde y por los años, que ya le habían empezado a faltar al respeto, Horacio se derrumbó en la cama a eso de las diez. Durmió profundamente pero en un punto de su sueño se despertó bruscamente y pensó en coger el coche y volver con la fresca a su caserón toledano.

Así que se mojó la cara y trató de buscarse en el espejo.

—El mundo del arte es una trampa, a veces, quien cae en sus redes queda atrapado para siempre —se dirigió a Emérita volviendo su mirada a su fotografía.

Desde la puerta se giró una vez más en ademán de despedida. Ya en la calle tuvo que buscar el coche con ahínco, no recordaba dónde lo había aparcado.

A la salida de Madrid aún no clareaba el día. Sintonizó una emisora en la radio y percibió un deje de monotonía en la voz del locutor, como si la inercia le sirviera para hablar mientras esperaba el relevo. El cambio no se hizo esperar y el tono lacio de voz del que se iba contrastó con la vitalidad del que había llegado.

Al cabo, se encontró en las proximidades de Toledo cuando sintió la necesidad irrefrenable de evacuar. La cantidad de líquido que había bebido el día anterior exigía su liberación. Así, paró y mientras estiraba las piernas, encontró un alivio recibiendo el frescor de la mañana.

Los tonos anaranjados del cielo le parecieron un hermoso telón de fondo. Estaba seguro de haber vivido antes ese mismo momento. Allí no se oían grillos ni pájaros porque no había ningún tipo de vegetación que los resguardara. Aspiró una bocanada de aire y lo retuvo en sus pulmones para exhalarlo con fuerza. A su espalda aún dormía Toledo entre las sombras. Por un instante, ni él mismo sabía si llegaba o se alejaba del lugar donde había nacido. Recordó entonces su tesis sobre el eslabón perdido de la pintura y se preguntó a quién podría interesarle una cuestión tan vieja.

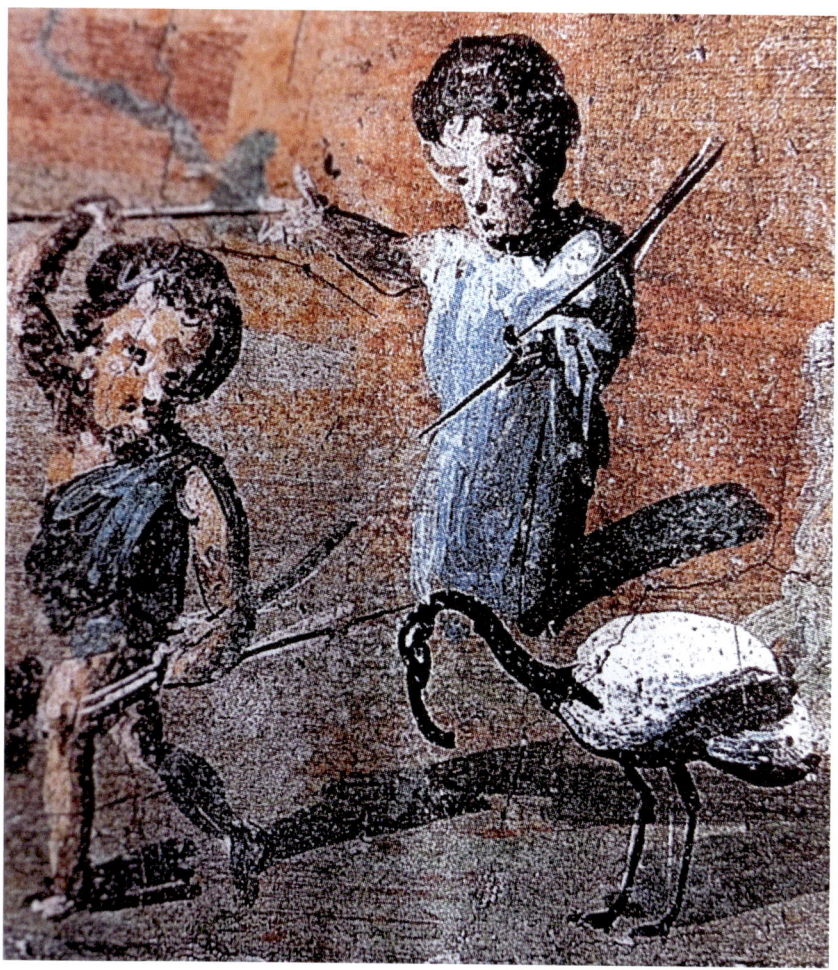

Fig. 15.- ¿Pigmeos o enanos? Muestra de un expresionismo de tipo caricaturesco que se pintaba en Pompeya en el primer siglo de la era cristiana.

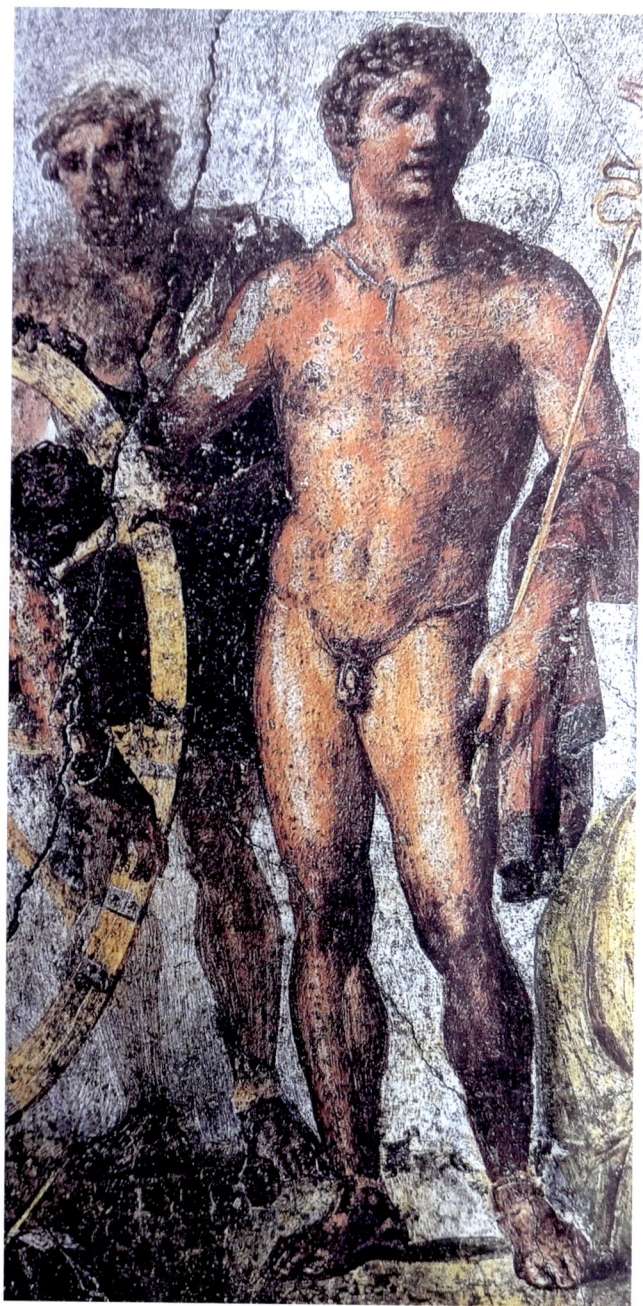

Fig. 1.- La figura aquí pintada del modo que podríamos definir como clasicista, muestra un dibujo de la anatomía clásica. El personaje pintado en segundo término es tratado de manera menos lineal en sus perfiles y de una categoría digna del mejor Renacimiento.

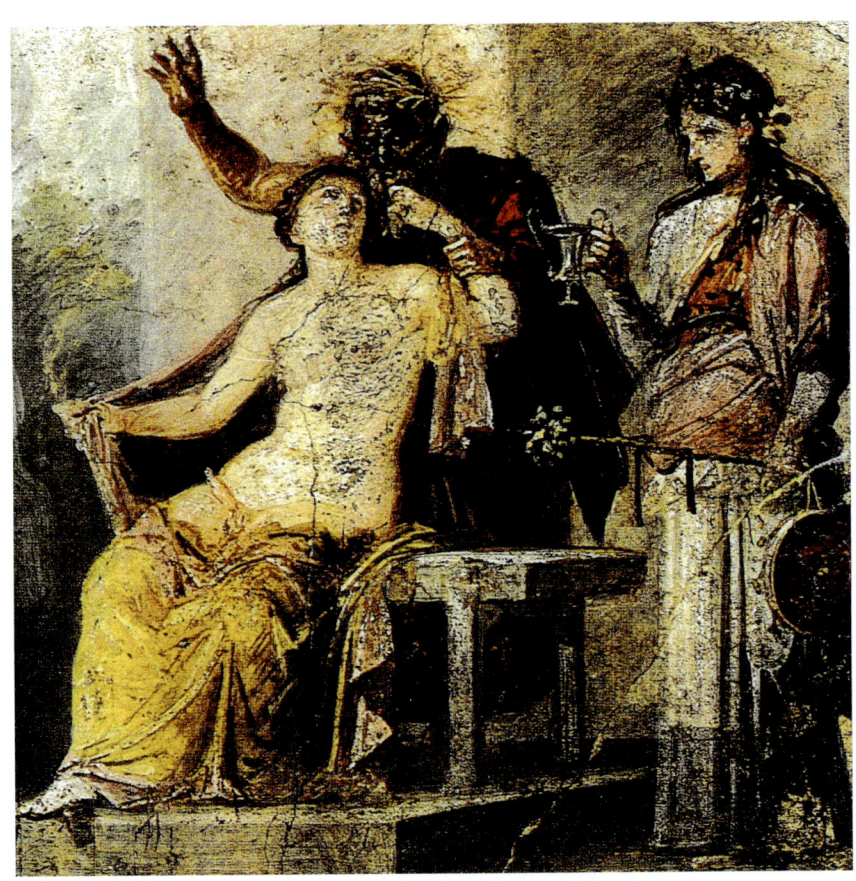

Fig. 2.- Esta hermafrodita de miembro erecto, (engendrada por Hermes y Afrodita), está representada tirando de la barba a un viejo sátiro. A la técnica clásica aquí se le suma el toque impresionista y lumínico. Los personajes dialogan con las manos. La figura de la derecha tiene unas características propias del siglo XIX.

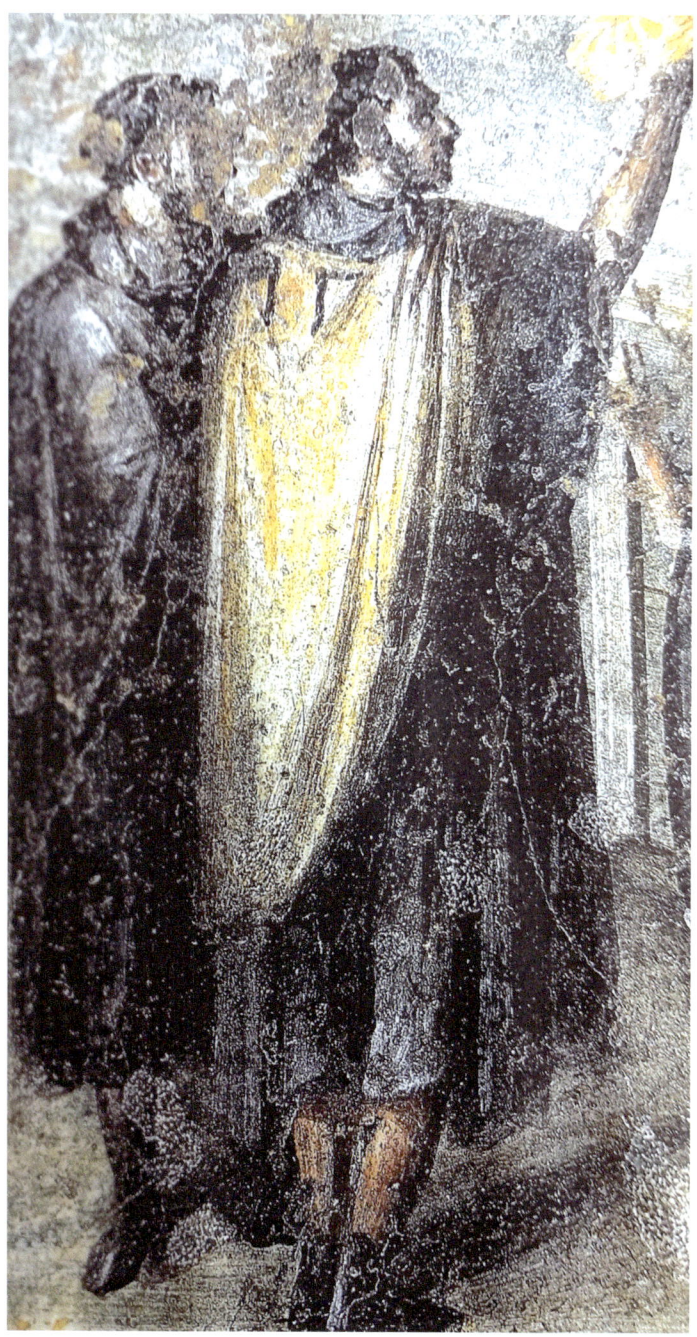

Fig. 2.- Una muestra más del nivel artístico alcanzado es la de estos personajes con sus actitudes y sus proporciones naturalistas.

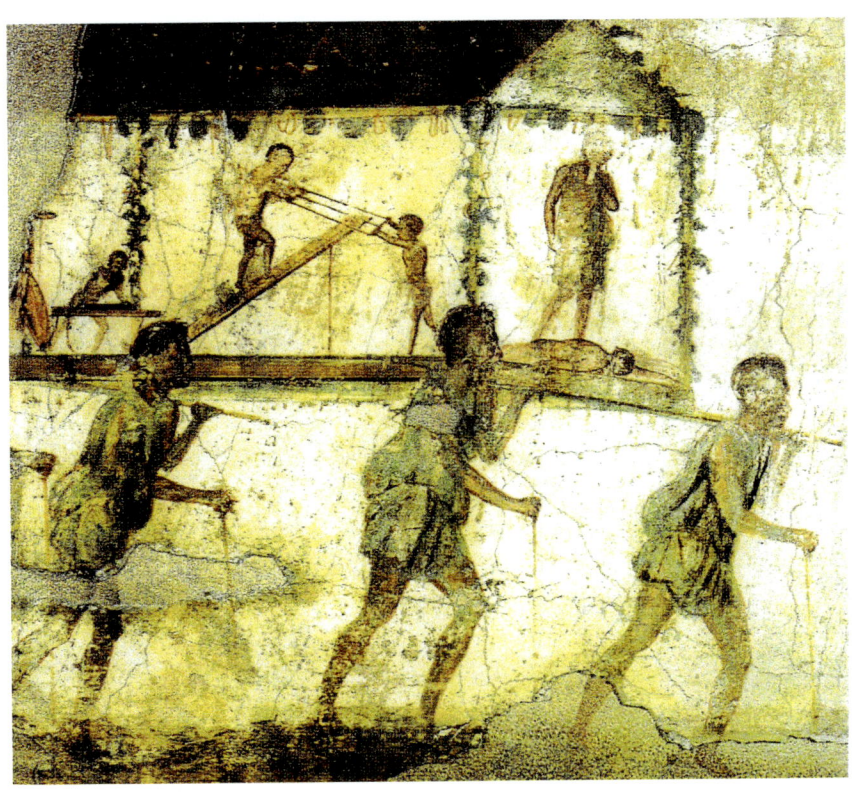

Fig. 4.- Carpinteros en procesión portando un baldaquino con las imágenes de Minerva y Dédalo. Fresco alegórico. El nivel de naturalismo alcanzado se muestra en el movimiento del grupo marcando el paso.

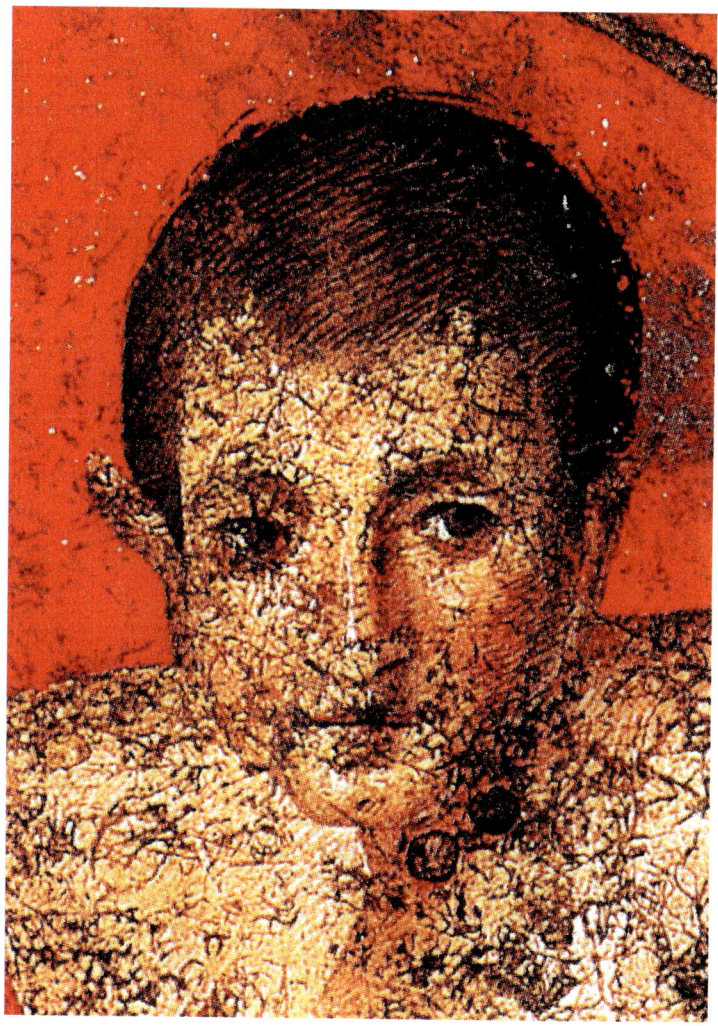

Fig. 5.- La expresión del rostro de este joven es una muestra excepcional del naturalismo alcanzado.

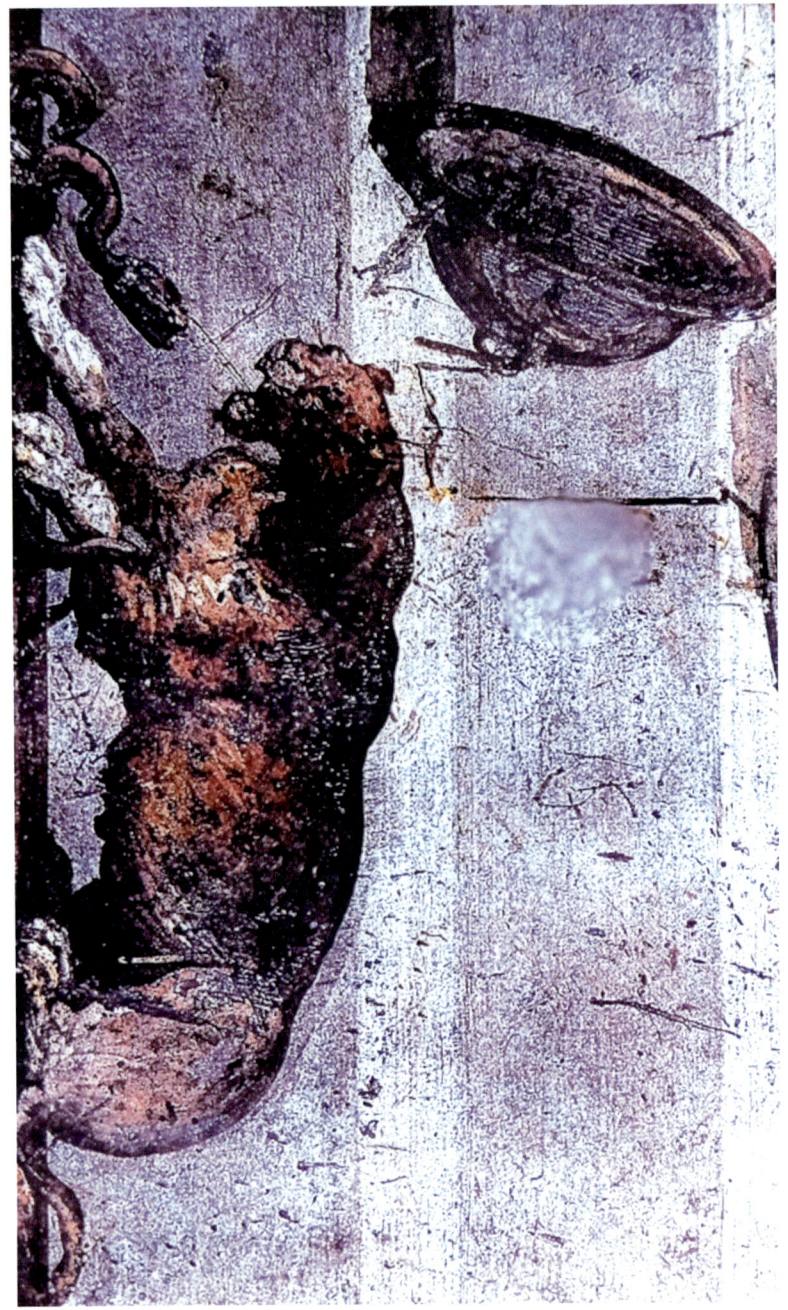

Fig. 6.- El naturalismo y el realismo en la representación de esta pantera es, además de su gran naturalidad, de un nivel plástico excepcional.

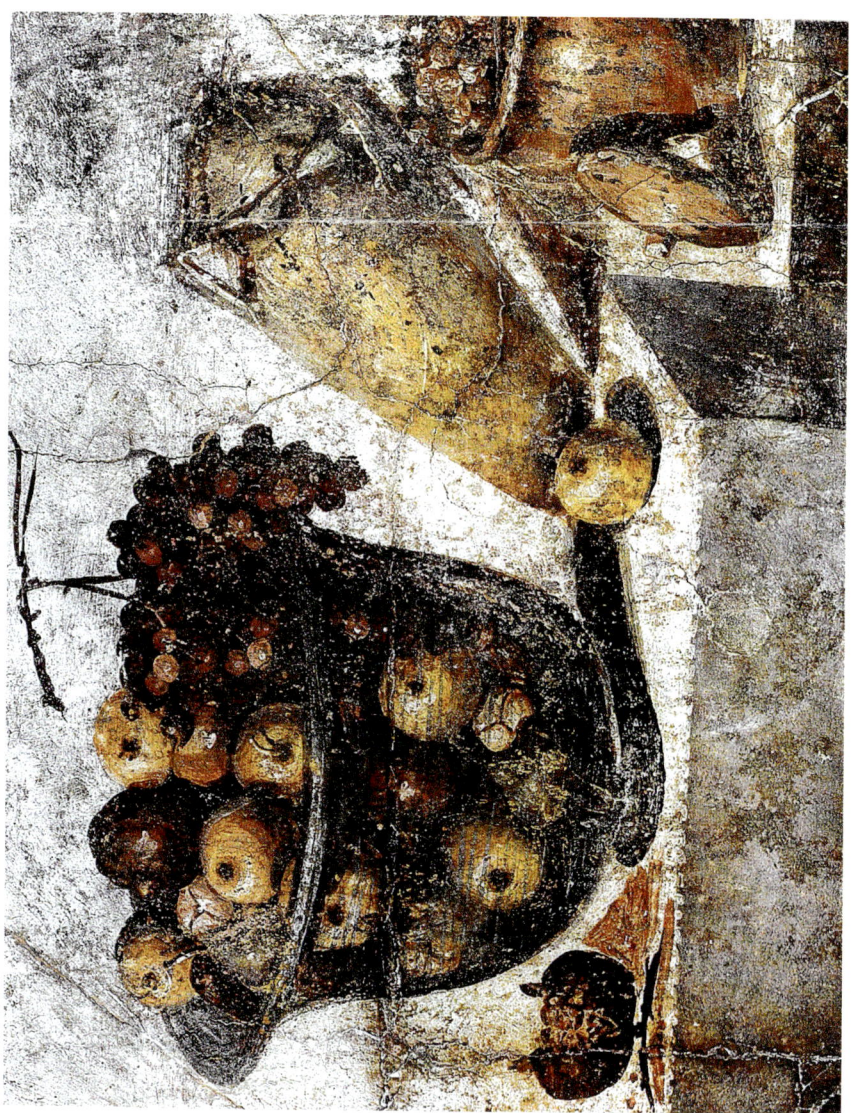

Fig. 7.- Este bodegón, con las calidades plásticas del cristal, es una buena muestra del realismo naturalista.

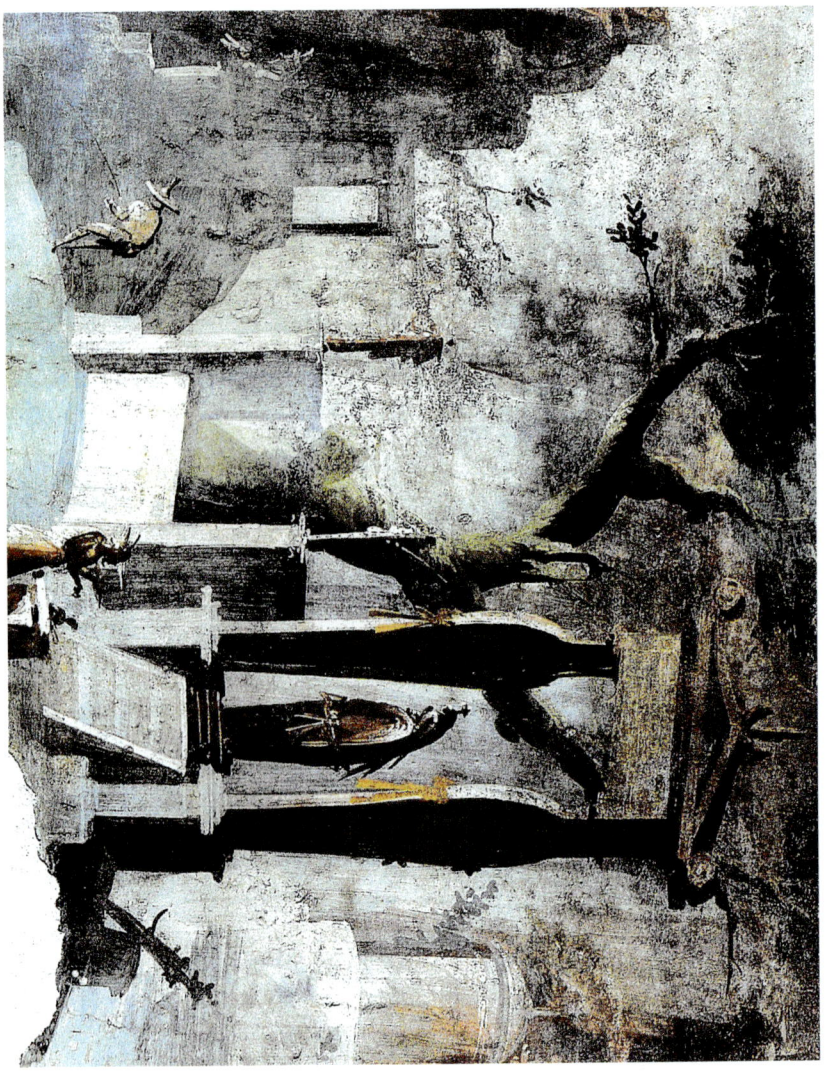

Fig. 8.- Gran mural procedente de templo de Isis en Pompeya. Evocación de un paisaje del Nilo con un oficiante ante el sarcófago de Harpócrates, nombre helenístico de Horus. Los desvanecidos y los tonos azulados del fondo son rasgos de una perspectiva aérea, impensable para aquella época.

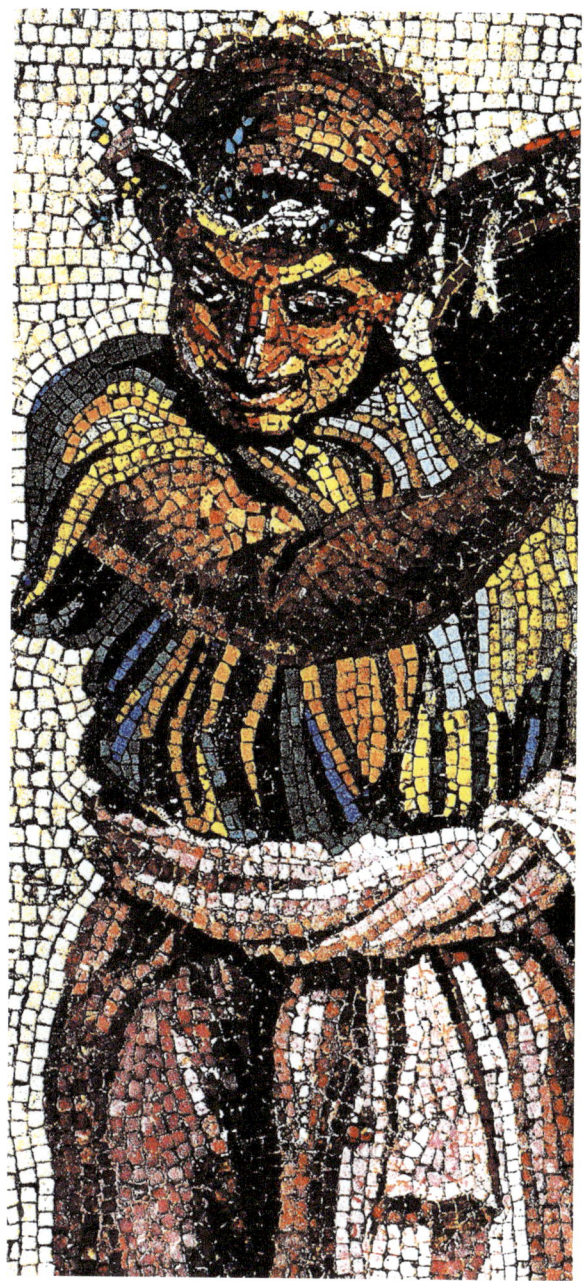

Fig. 9.- Detalle de un personaje hecho con las teselas propias de un mosaico. Representa a unos músicos callejeros ambulantes (firmado por Dioscóridos de Samos). El color de la cara, con sus contrastes, recuerda las fórmulas neoimpresionistas de la pintura de Cézanne.

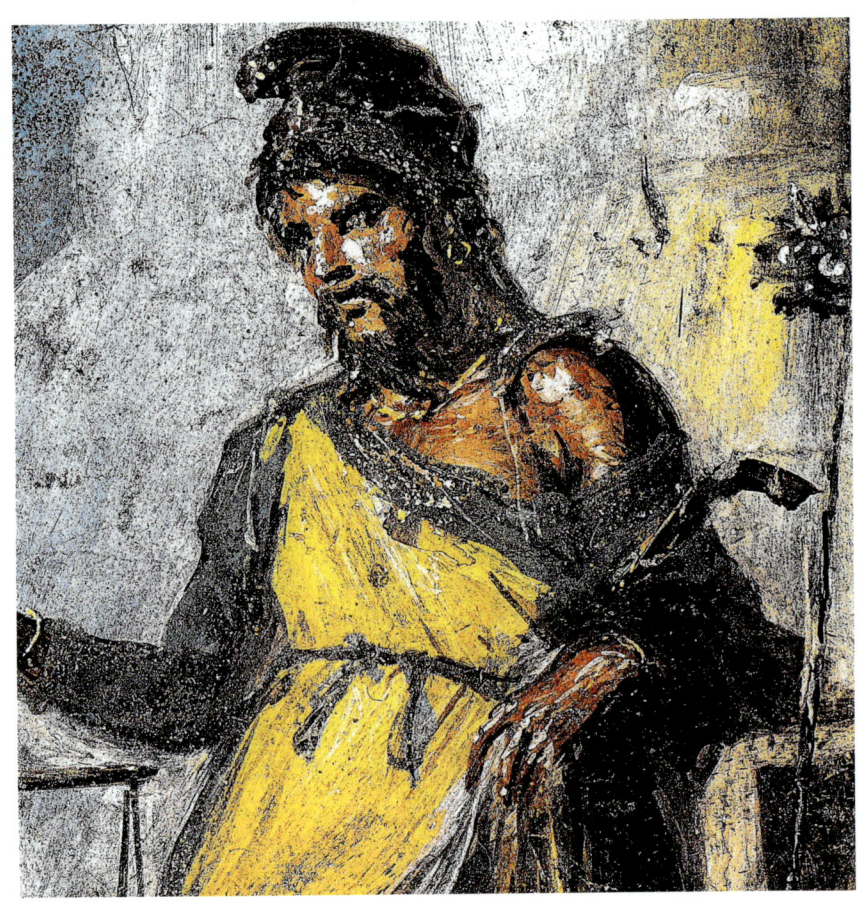

Fig. 10.- Priapo, fresco procedente de la casa pompeyana de los Vettii. La factura lumínica y el toque de las pinceladas son características excepcionales
de un impresionismo propio del siglo XIX.

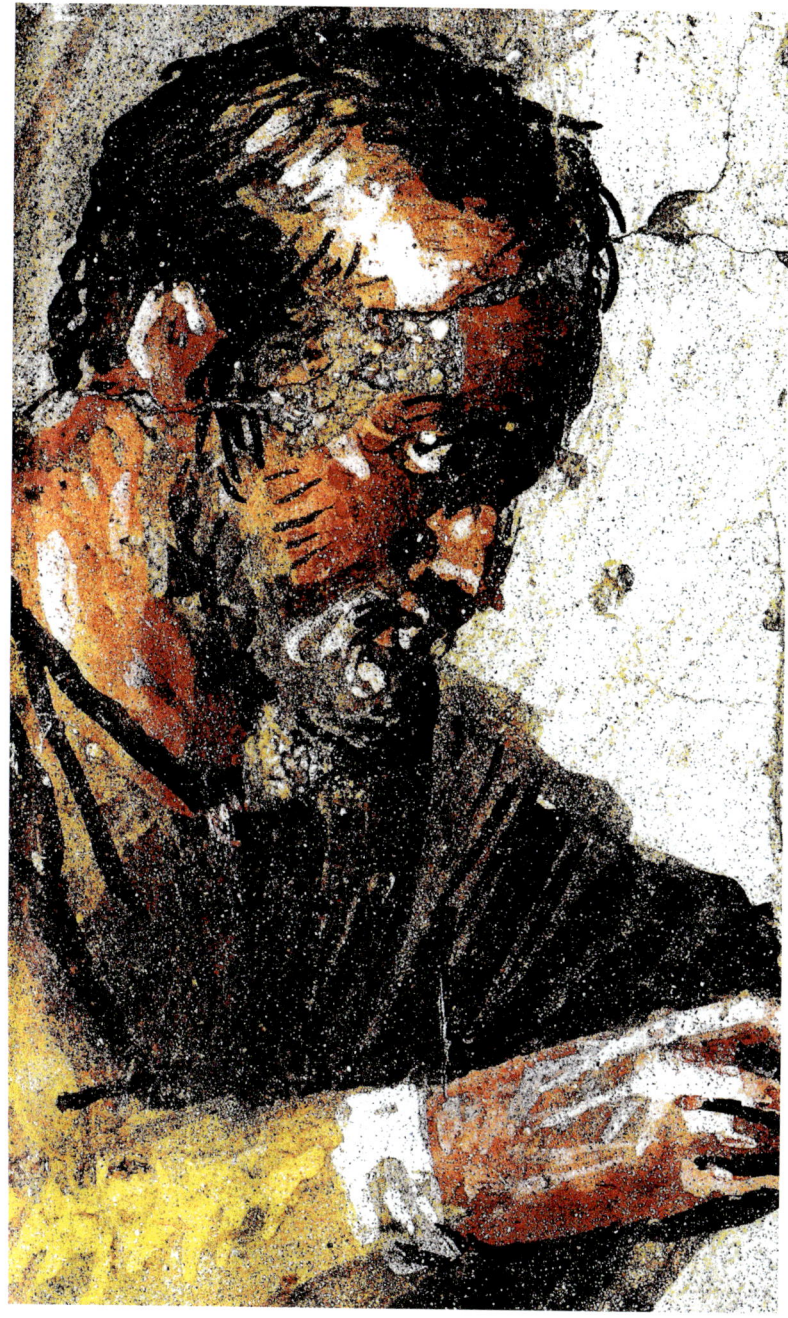

Fig. 11.- Médico curando a Eneas herido (detalle). Este tipo de impresionismo, con pinceladas expresionistas, se adelantó al que se hizo en el siglo XIX.

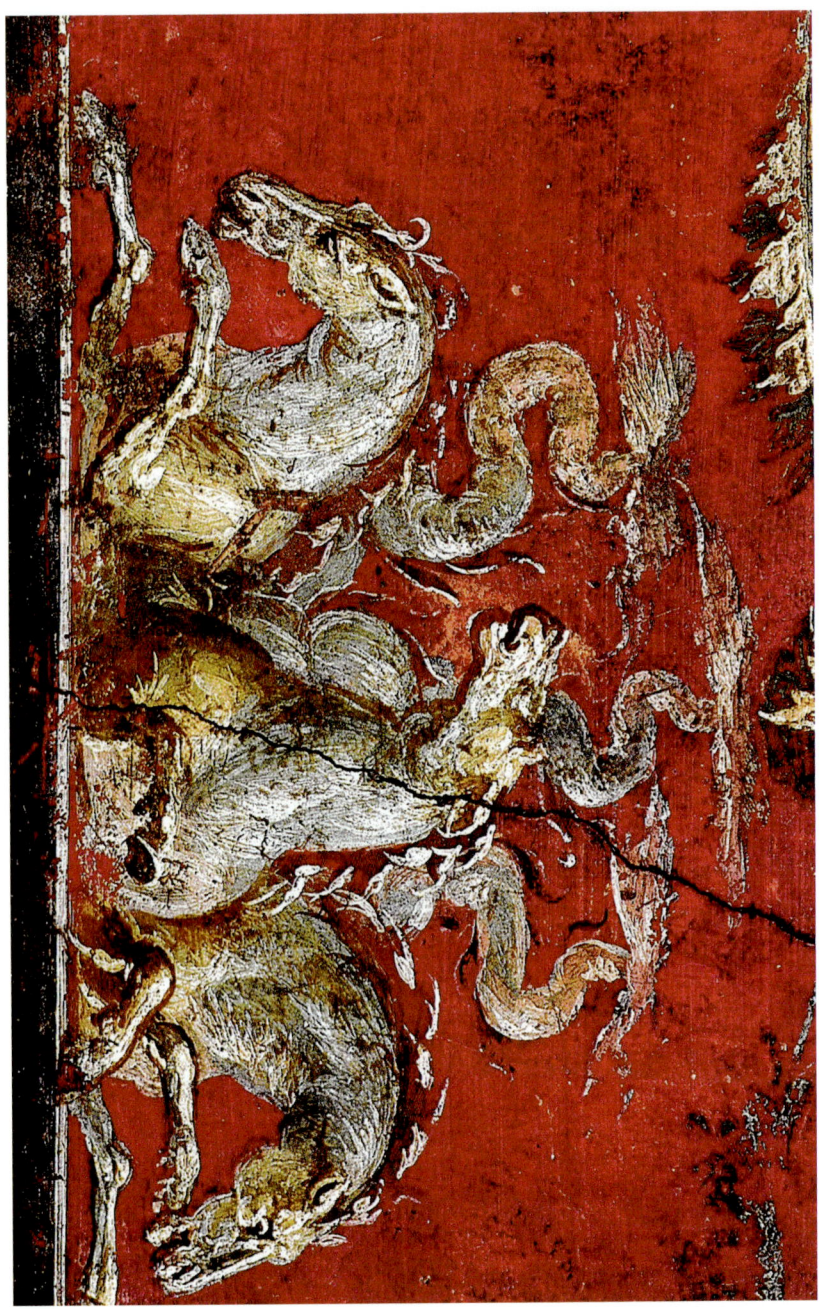

Fig. 12.- Caballos decorativos procedentes de la casa pompeyana de los Vettii. Están pintados de forma impresionista muy expresiva. Este impresionismo de la plástica clásica griega se extendió en todos los campos, incluso en la decoración.

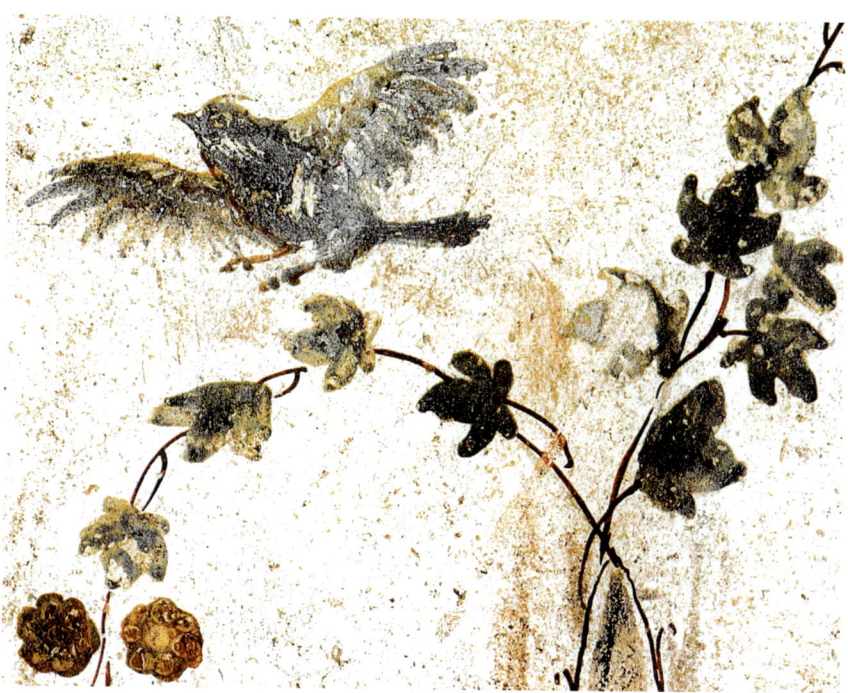

Fig. 13- Pájaro volando pintado con una soltura y libertad sorprendentes. Es una muestra de hasta donde se llegó con la técnica impresionista con tintes expresionistas.

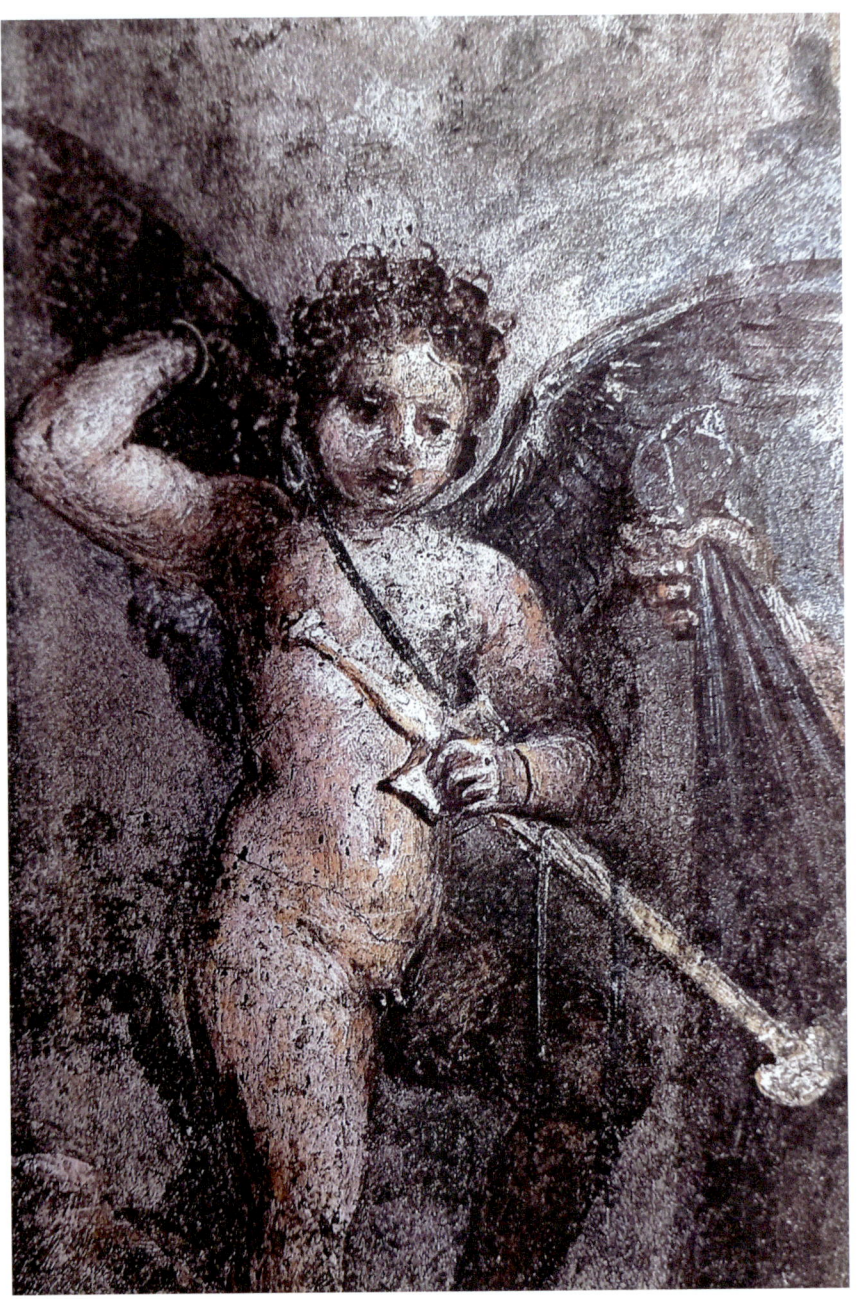

Fig. 14.- Fragmento de un fresco pompeyano sobre los amores de Marte y Venus. Un amorcillo juega con las armas del dios de la guerra. Su factura pictórica
puede ser comparada con los angelillos del Renacimiento. Estos amorcillos
fueron modelo para la representación de los angelitos cristianos.

BIBLIOGRAFÍA

ADRADOS, Francisco R.; *Líricos griegos. Elegíacos y yumbográficos arcaicos*, vol. II, Madrid, C.S.I.C., 1981.

ANDRONICOS, Manolis; *El túmulo de Filipo II.*

* *Vergina II*, Atenas, 1964.

AZCÁRATE, José María; *Resumen de Historia del Arte*, 1956.

BLANCO FREIJEIRO, A.; *Arte griego*, 2ª ed., Madrid, Instituto Español de Arqueología, C.S.I.C., 1982.

Diccionario Enciclopédico Abreviado, Madrid, Espasa Calpe, 1957.

Diccionario Enciclopédico Larousse, Barcelona, Planeta, 1995.

DONTAS, Jeorges; *La acrópolis y su museo*, Atenas, Clío, 1979.

DORFLES, Guillo; *Últimas tendencias del arte de hoy*, Barcelona, Labor, 1976.

DROUGOU, Stella; *Vergina, promenade sur le site archéologique*, Atena, Ministerio de Cultura, 2002.

ECO, Umberto, *Historia de la belleza*, Barcelona, Lumen, 2003.

HAUSER, Arnold; *Origen de la literatura y del arte moderno*, Madrid, Guadarrama, 1974.

HUYGHE, René; *El arte y el hombre*, Barcelona, Planeta, 1996.

JIUNTOLI, Stefano; *Arte e historia de Pompeya*, Editorial Bonechi. 2001.

KUVELAKIS, P.; *Grecia*, Macedonia, Organismo griego de Turismo, 1993.

LUJÁN, Néstor; «El fabuloso empresario Barnam Jano», en *Revista de Medicina y Humanidades*, número 617, 1984.

MONTANER, Josep Maria; *Museos para el siglo XXI*, Barcelona, Gustavo Gili, 2003.

Museo Archeologico Naciomale di Napoli, Il; Sorprintendenza per i Beni Archeologici di Napoli e Caserta, Napoli, Electa, 2003.

Nápoles. Civilización, Arte e Historia, Edicioni Kina Italia, 2003.

NIETZSCHE, Friedrich; *El Anticristo*, Madrid, Alianza Editorial, 2000.

PETRACOS, Basilio; *Museo Nacional*, Atenas, Clío, 1990.

Pompeya, Herculano y Villa Jovis, Roma-Milán, Millenium-Lozzi, 2002.

RANIERI PANETTA, Marisa; *Pompeya. Historia, vida y arte en la ciudad sepultada*, Superintendencia Arqueológica de Pompeya y Superintendencia de los bienes arqueológicos de Nápoles y Caserta, Edizioni White Star-Italia, 2004.

SOTOMAYOR, Manuel y FERNÁMDEZ Ubina, José; *Historia del Cristianismo I. El mundo antiguo*, Trotta-Universidad de Granada, 2003.

TRIMBOLI, Santi; *Atenas en la Historia y en la Leyenda*, Pescara, Edicioni Haitalis Dimitri, 1945.

UPDOKE, John; *Busca mi rostro*, Barcelona, Tusquets, 2004.

USCATESCU, Jorge; *Supervivencia de la literatura y el arte*, Madrid, Instituto Editorial Reus, 1972.

VOUTSAS, G.; *Musée Nacional Archéologique*, Atenas, Thera, 1990.

Ledoria, dessaforado amor por la palabra